Catequese criativa

**Arte
Comunicação
Espiritualidade**

Neusa Fernandes

Catequese criativa

Arte
Comunicação
Espiritualidade

Paulinas

Dados Internacionais de Catalogação na Publicação (CIP)
(Câmara Brasileira do Livro, SP, Brasil)

Fernandes, Neusa
 Catequese criativa : arte, comunicação e espiritualidade / Neusa Fernandes. – 3. ed. – São Paulo : Paulinas, 2011. -- (Coleção desperta)

Bibliografia.
ISBN 978-85-356-2892-0

1. Catequese - Igreja Católica 2. Catequistas 3. Ensino religioso 4. Eucaristia 5. Primeira Comunhão - Estudo e ensino I. Título. II. Série.

11-09586   CDD-268.82

Índice para catálogo sistemático:
1. Catequese : Igreja Católica   268.82

3ª edição – 2011
5ª reimpressão – 2025

Direção-geral: *Flávia Reginatto*
Editora responsável: *Vera Ivanise Bombonato*
Copidesque: *Mônica Elaine G. S. da Costa*
Coordenação de revisão: *Marina Mendonça*
Revisão: *Marina Siqueira*
Assistente de arte: *Sandra Braga*
Gerente de produção: *Felício Calegaro Neto*
Capa e editoração eletrônica: *Wilson Teodoro Garcia*

Nenhuma parte desta obra poderá ser reproduzida ou transmitida por qualquer forma e/ou quaisquer meios (eletrônico ou mecânico, incluindo fotocópia e gravação) ou arquivada em qualquer sistema ou banco de dados sem permissão escrita da Editora. Direitos reservados.

Cadastre-se e receba nossas informações
paulinas.com.br
Telemarketing e SAC: 0800-7010081

Paulinas
Rua Dona Inácia Uchoa, 62
04110-020 – São Paulo – SP (Brasil)
📞 (11) 2125-3500
✉ editora@paulinas.com.br

© Pia Sociedade Filhas de São Paulo – São Paulo, 2011

Apresentação

A proposta deste subsídio é ajudar os catequistas que estão começando sua missão junto a crianças e jovens, a fim de iniciá-los no caminho do discipulado de Jesus, levando a "bom termo" a graça batismal, "até que Cristo se forme em vós" (Gl 4,20).

Não há dúvida de que a catequese tem-se tornado um desafio cada vez maior, sobretudo se levarmos em conta a atual complexidade da vida familiar e da estrutura social e religiosa em seu sentido amplo.

Diante dessa realidade, a Igreja do Brasil percebeu a urgência de fazer um trabalho de base com catequistas e catequizandos, no sentido de auxiliá-los a melhor assimilar a proposta de Jesus Cristo para a construção do Reino de Deus. Por isso, lançou o "Ano Catequético", com o tema: "Catequese, caminho de discipulado".

Daí a prioridade nas questões bíblicas, pois a Bíblia deve ser o manual sem o qual não pode haver catequese, partindo dela todos os seus demais conteúdos. E é da catequese que irão surgir os vários ministérios para a Igreja.

O subsídio aqui apresentado oferece um leque de opções, no qual o catequista iniciante terá uma síntese dos elementos necessários para começar seu trabalho e, aos poucos, para ir buscando aprofundamentos em outros manuais, a fim de tornar sua missão mais eficaz.

Na primeira parte, apresento uma introdução sobre a função e a importância da dinâmica da catequese, a espiritualidade do catequista e um breve comentário sobre Jesus, o Perfeito Comunicador do Pai, e sua pedagogia especial no trato com seus ouvintes.

Na segunda parte, são oferecidas algumas sugestões de dinâmicas, em sua maior parte com temas bíblicos.

E, por fim, algumas sugestões de retiros para catequizandos de primeira eucaristia, crisma e catequistas (Anexos)

É de fundamental importância que o catequista utilize este subsídio apenas como instrumento inicial, não se prendendo ao que já está pensado, mas procurando usar o máximo de sua criatividade na preparação de seus encontros. Para isso, é necessário dar-se o tempo para tal.

Para ser catequista não basta achar bonita tal missão; é necessário unir o gosto com a preparação adequada. Portanto, uma paróquia que não prioriza a catequese está propensa a esvaziar-se de quantidade e de qualidade. Este livro espera ser um subsídio importante para a formação de catequistas, para que tenham possibilidade de exercer sua missão com eficácia.

> As respostas de alguns exercícios podem ser encontradas no final do livro, às pp. 125-126.

Introdução

Em primeiro lugar, gostaria de lembrar que as dinâmicas na catequese devem favorecer melhor assimilação e aprofundamento dos temas expostos. Não são simplesmente para tornar os encontros menos monótonos ou para passar tempo, brincar com as crianças etc.

Daí a necessidade de o catequista reservar certo tempo para preparar seus encontros. O catequista que não prepara e não reza os seus encontros não terá bons resultados. Ele não pode ficar preso ao conteúdo dos livros adotados, mesmo porque cada lugar, cada comunidade, apresenta realidades próprias; os catequizandos também são diferentes. Por isso, cada catequista deverá adaptar o conteúdo de acordo com sua turma.

A comunidade deve pensar, antes de tudo, na formação de seus membros e não somente nas construções das igrejas e templos. É melhor celebrar embaixo de uma árvore, mas ter pessoas com a consciência do que é ser Igreja; pessoas que vivam seu compromisso de batizados, seu compromisso com os semelhantes. Uma paróquia que não prioriza a catequese não tem futuro, pois todas as demais pastorais dependerão da formação de crianças e jovens de hoje.

A Bíblia, por exemplo, é um livro bastante complexo e difícil de ser entendido. Contudo, existem formas didáticas importantes que possibilitam uma melhor compreensão e assimilação do conteúdo bíblico, como, por exemplo, a narração bíblica, que devemos usar bastante na catequese.

Hoje, fala-se muito da "arte de contar histórias". A narração deve ser viva, falar à imaginação. Mas na transmissão de uma narração bíblica se impõe também a exigência de não fugir do texto. Se fantasiarmos demais, corremos o risco de não sermos fiéis à sua mensagem.

A narração deve ser sempre um veículo da mensagem. Devemos evitar tudo que possa distrair e tirar a atenção do ponto principal. A Bíblia é um livro cheio de narrações. Muitas vezes, é mais fácil transmitir uma mensagem com uma narração do que com uma exposição teórica. A narração faz sentir e experimentar faz refletir, faz vivenciar (BROSHUIS, Inês. *Bíblia na catequese*. São Paulo: Paulinas, 2001. p. 91).

Por isso, vejo é que de fundamental importância colocar como instrumento principal da catequese a Bíblia, Palavra de Deus, cujo centro é a pessoa de Jesus Cristo, sua relação com o Pai e com o povo. Uma relação de profundidade que o catequista é chamado a ter também com o Pai, com Jesus e com cada um de seus catequizandos.

Um dia escutei a frase: "Ajudar a humanizar para divinizar", que muito me chamou a atenção. Não sei ao certo de quem é. Mas, a meu ver, manifesta o humano de Jesus revelando Deus. Isto é, Jesus, em sua relação humana com as pessoas, mostrou o rosto divino do Pai, que também é mãe, pela sua ternura e amor incondicional com que trata seus filhos e filhas. Por isso, considero a catequese um espaço privilegiado para experiência de Deus humano e divino.

Por exemplo, podemos perceber que, sempre que Jesus curava ou restituía a vida, de alguma forma, as pessoas reconheciam nele a presença divina de Deus; por essa razão, não davam glória a Jesus (enquanto humano), mas a Deus que se tornava visível mediante as atitudes humanas de Jesus.

Tudo isso para ressaltar que, no espaço da catequese, o catequista deve favorecer uma relação de tal forma que possa revelar Jesus/Deus. Não fazendo milagres, mas na forma de amar e cuidar sem distinção (pobres, ricos, negros, brancos etc.); de compreender cada catequizando a partir de sua realidade particular; de mostrar, concretamente, que a comunidade eclesial é um lugar de comunhão fraterna, de solidariedade, de vivência do Reino, aqui e agora.

É certo que, normalmente, lidamos com o real e com o ideal. No entanto, sem a força do ideal não se pode caminhar e aproximar-se o mais possível do ideal. Portanto, um ideal prioritário do catequista é ser imagem do Deus de Jesus Cristo para o catequizando, na medida de suas possibilidades, de modo que o catequizando tenha condições de fazer a experiência de sentir-se filho amado e querido por Deus:

Gostaria de citar aqui uma fala de Pe. Libanio, sj, na qual ele diz: "Jesus revela-nos, de maneira humana e divina, o coração de Deus Pai. Ele nos fala da pessoa do Pai, do seu projeto e do seu coração misericordioso e terno. Não só as palavras de Jesus revelam quem é Deus Pai, mas também a pessoa e as ações de Jesus". Diante disso, é importante o catequista descobrir que imagem de Deus ele traz dentro de si e o que deve deixar que o Espírito Santo ajude a transformar para que a imagem de Cristo se forme paulatinamente em seu ser, e assim possa comunicar com transparência de coração quem, de fato, é o Deus que caminha e faz história de amor com seu povo.

Com certeza, essa descoberta é favorecida nos momentos de oração, de encontro com o Mestre, pois esses encontros são capazes de transformar a nossa vida, ao nos mostrar o verdadeiro sentido dela. É claro que a criança pode não conseguir alcançar tal reflexão, mas o que vai importar para ela é a experiência e não a teoria e/ou a reflexão.

> "Entregue seu caminho ao Senhor, nele confie, e ele agirá" (Sl 37,5).

ESPIRITUALIDADE DO CATEQUISTA

Como a própria palavra já nos sugere, espiritualidade evoca a palavra espírito, ou seja, o que nos move a alguma coisa. É agir de acordo com o transcendente que existe em nós, o espírito. E, para nós, cristãos, a espiritualidade, o movente de tudo, é o Espírito Santo, o mesmo Espírito que impulsionou Jesus Cristo. "O Espírito do Senhor está sobre mim" (Lc 4,18). Assim, em poucas palavras, podemos sintetizar em que consiste a espiritualidade do catequista, pois quando falamos da pessoa do catequista, enquanto alguém que é chamado a ajudar o catequizando no caminho do discipulado, isso supõe que, por primeiro, o próprio catequista seja um discípulo, ou melhor, esteja seguindo as pegadas do Mestre. Significa que estará buscando viver a mesma vida e os ensinamentos de Jesus. Isto é, sua vida de profunda intimidade com o Pai, com a realidade do povo, do catequizando, numa atitude de escuta para saber discernir com sabedoria e se relacionar o mais humana e divinamente possível.

Um outro aspecto fundamental na espiritualidade cristã é a centralidade da vida na Eucaristia; o próprio Jesus presente em nós de modo especial.

A Eucaristia deve ser o centro da vida de todo catequista. Por quê? Porque Eucaristia é sinônimo de vida unificada à vida de Jesus; é comunhão, partilha, ser corpo místico/Igreja viva. E é o Espírito Santo que realiza a fusão do meu ser com Jesus Cristo. E assim, Cristo se torna visível mais e mais em minhas ações.

> Quanto mais vou deixando Deus entrar em minha vida, mais o meu eu vai diminuindo e vai aparecendo o reflexo de Deus.

COMUNICAÇÃO NA CATEQUESE

Falar de comunicação na catequese é, sobretudo, falar da comunicação de Jesus, uma vez que o catequista é chamado não só a comunicar Jesus, mas também a ser um comunicador a exemplo de Jesus.

Diante disso, achei oportuno apresentar uma reflexão sobre Jesus Comunicador, sua metodologia, sua linguagem e sua pedagogia especial no trato com seus ouvintes.

JESUS: COMUNICADOR PERFEITO

Deus se comunica (se revela) na história. A própria criação é um ato de comunicação de Deus, comunicação esta que se plenifica em Jesus Cristo, Verbo (Palavra) encarnado: "No princípio era o Verbo... e o Verbo se fez carne e habitou entre nós" (Jo 1).

Diante de Jesus, o grande Comunicador do Pai, vamos refletir: "O que devemos comunicar na catequese?". *Jesus Cristo é o conteúdo por excelência da catequese.*

Jesus revela o Pai a partir de suas palavras e de seus atos; por isso, sua comunicação é eficaz. E Deus disse: "Faça-se... e a luz se fez" (Gn 1,3).

Quando nos comunicamos, é justamente porque queremos revelar algo. Porém, como cristãos, somos chamados a revelar a pessoa de Jesus, e não a nós mesmos. E o catequizando, conhecendo Jesus, conhecerá também o Pai. Tanto é verdade que Jesus revela o Pai que, quando ele fazia algum milagre, o povo glorificava ao se manifestar através de Jesus, com a força do Espírito Santo. Portanto, a nossa comunicação na catequese deve partir fundamentalmente da comunicação de Jesus, ou seja, o conteúdo e a maneira pedagógica/criativa devem ter como referência a pessoa de Jesus. Ele é comunicador da mensagem do Pai e, ao mesmo tempo, é o próprio conteúdo de sua mensagem.

Ao falar da comunicação de Jesus, o autor Felicíssimo Martinez Díez diz o seguinte:

> Jesus é a plenitude do encontro entre Deus e a humanidade. A própria vida de Jesus é um modelo prático de comunicação. A íntima relação entre os seus ensinamentos e os sinais que realiza faz de Jesus um modelo consumado de comunicador. Ele é chamado de o comunicador perfeito [...]. Os relatos da vida pública de Jesus são relatos, são retrospectivas, com um propósito essencialmente catequético [...]. A partir da fé ou da experiência da ressurreição, a comunidade apostólica procura fazer memória de tudo o que Jesus disse e fez, e procura traduzir essa memória em material catequético para sustentar e avaliar a fé das comunidades cristãs.

E diz ainda:

> [...] a missão de Jesus tem apenas um propósito: proclamar a Boa Notícia, anunciar a presença do Reino de Deus, inaugurar as práticas dele. Sua vocação e sua missão estão intimamente relacionadas à palavra, ao anúncio da Boa Notícia.

Jesus diz a verdade e liberta

É interessante observar que Jesus, em sua comunicação com as pessoas, nunca impõe, mas faz proposta, dialoga, escuta, acolhe, questiona e, acima de tudo, ama e fala a verdade. Estes são elementos essenciais para uma verdadeira comunicação. O diálogo com a samaritana, por exemplo, mostra claramente que somente no encontro de duas verdades é possível a verdadeira comunicação (cf. Jo 4,1ss). A samaritana foi verdadeira ao falar sobre si, e Jesus, por sua vez, é a Verdade por excelência. A comunicação só é autêntica sobre a base de uma busca comum e honesta da verdade.

Jesus revela o Pai através da própria vida, de suas ações, de seu modo de ser, de amar, de acolher, de perdoar etc. Por isso, sua comunicação é eficaz, produz resultado, porque não é fruto de uma ideologia, mas ele fala daquilo que vive, é coerente com o que diz. Seu modo de comunicar gera e transforma vidas, enquanto o "mundo" comunica ideologias que degeneram a mensagem de Deus e danifica o ser humano.

Jesus desmascara os fariseus justamente "porque o que eles falam não tem nada a ver com o que são e praticam na realidade" (Mt 23,2-5).

Há uma relação entre a comunicação de Jesus e a verdade. Jesus identifica-se com ela, porque "a verdade vos tornará livres" (cf. Jo 8,31-32). Ele é autêntico, transparente. A verdade liberta, a mentira aprisiona. Por isso, Jesus é o libertador; sua palavra, que é verdadeira, torna livre e autêntico todo aquele que a ouve e pratica.

Jesus condena quem a aprisiona através da injustiça e da mentira (cf. Rm 1,18). Dessa forma, toda vez que um meio de comunicação é usado para manipular, torna-se um instrumento de pecado. É preciso que os meios estejam a serviço da verdade e da libertação da pessoa; libertação que só é possível pela prática do amor. Quem ama é livre; quem ama liberta, como o fez Jesus.

Deus se revela em Jesus Cristo

Jesus é o mensageiro de Deus. Ele representa a plenitude da comunicação e comunhão com Deus e com as pessoas.

Quem vê Jesus, vê o Pai (cf. Jo 14,8-10). Com sua presença e manifestação pessoal, com palavras e obras, sinais e milagres, Deus deu-se a conhecer em Jesus Cristo de forma definitiva. Nele se dá um verdadeiro encontro, que é o ponto mais alto de toda comunicação.

Jesus é a Palavra de Deus, naquilo que faz e é, na sua pessoa. Ele é a expressão integral e perfeita do mistério de Deus.

Jesus é a Palavra (Verbo) encarnada. Portanto, quem quiser conhecer a Deus, tem de escutar, aceitar, contemplar, obedecer e praticar esta Palavra. "Só essa Palavra que é Jesus revela-nos plenamente o rosto de Deus" (Jo 1,15). "Ninguém jamais viu a Deus; quem nos revelou Deus foi o Filho único, que está junto do Pai" (Jo 1,18). "Cristo é a imagem do Deus invisível" (Cl 1,15).

A encarnação é o nível mais alto da comunicação entre Deus e o homem. Em Cristo, Deus dá-se a conhecer plenamente. Portanto, o acesso ao conhecimento e à comunicação com Deus só pode acontecer se for através de Jesus Cristo. Ele é a plenitude do encontro entre Deus e a humanidade.

Diante dessa comunicação de Jesus, o catequista é chamado a dar, como conteúdo principal, a pessoa de Jesus, visto que é conhecendo-o que se pode conhecer a Deus, autor da criação.

Quanto mais se conhece a Jesus, mais se conhece a Deus. Sendo assim, caso se queira mostrar uma verdadeira imagem de Deus, é só revelar a verdadeira imagem de Jesus.

"Ninguém vai ao Pai senão por mim, disse Jesus" (Jo 14,6-9). Dessa forma, diminui o problema que, atualmente, se tem discutido em relação à expressão "Pai" para exprimir quem é Deus. Ou seja, ao falar das atitudes de Deus, em Jesus, vamos ver que são atitudes que devem estar presentes em todo cristão: pai, mãe, irmãos, amigos etc. Portanto, Deus é Pai, independentemente se um pai biológico assume ou não sua atitude de pai. Lembremos o texto de Isaías 49,14-15: "Mas pode uma mãe esquecer do seu nenê, pode ela deixar de ter amor ao filho de suas entranhas? Ainda que ela se esqueça, eu jamais me esquecerei de você".

Pedagogia de Jesus

Diante de cada situação e de cada pessoa, Jesus tem um jeito próprio de falar e de agir.

Linguagem de Jesus

Jesus usa linguagem simples e direta, com exemplos tomados da vida diária e de situações concretas. Nunca fala teoricamente de Deus, mas de como Deus ama, como age e perdoa. Não ensina uma teoria sobre Deus Pai, mas como caminhar em direção a ele. "Eu sou o Caminho, a Verdade e a Vida" (Jo 14,6).

O desafio não consiste apenas em usar os meios, mas em convertê-los em meios que celebrem a presença de Cristo vivo na história dos nossos povos; convertê-los em meios de participação e comunhão.

Ele fala a partir da cultura do povo; usa expressões que o povo conhece, faz sempre uma proposta, sem jamais impor. O simples conceito não pode ser uma boa notícia para ninguém.

- Jesus abraça.
- Jesus olha com amor
- Jesus acolhe sem julgar, sem distinção.
- Jesus comunica o amor, acima de tudo. Só o amor é capaz de transformar.
- Os discípulos sentiam-se profundamente amados (os catequizandos devem sentir-se amados como eles são).

Metodologia de Jesus

Sua metodologia é especial e de acordo com o objetivo que ele quer alcançar:

- usa sempre de parábolas para facilitar a compreensão;
- fundamenta suas palavras nas Escrituras, para que o povo perceba que o Deus de Abraão, de Isaac e de Jacó continua presente e fiel a seu povo;

- faz curas e milagres para mostrar que o Reino de Deus já está no meio deles.

E Jesus continuou: "Com que mais poderemos comparar o Reino de Deus? Que parábola usaremos para representá-lo? O Reino de Deus é como um grão de mostarda que, ao ser semeado na terra, é a menor de todas as sementes. Quando é semeada, porém, cresce e se torna maior do que todas as hortaliças, e estende ramos tão grandes que os pássaros do céu podem abrigar-se à sua sombra". Jesus anunciava a palavra usando muitas parábolas como estas, conforme eles podiam compreender (Mc 4,30-33).

Dinâmicas na catequese

Uma comunidade catequizadora supõe uma adequada organização e uma constante atitude criativa. Nesse sentido, a atividade lúdica pode favorecer a transmissão e o aprofundamento do conteúdo catequético, sem com isso diminuir a seriedade do que deve ser transmitido.

Para tanto, faz-se necessária também uma adequada compreensão da dimensão pedagógica na catequese. Isto é, o uso de uma metodologia própria para que possa ser desenvolvida com maior eficácia.

Quando usamos o termo "dinâmica" já se supõe um método específico para passar uma mensagem, um conteúdo; para atingir um objetivo, seja para o aprofundamento de um tema abordado, seja para facilitar o entrosamento e/ou o conhecimento de um grupo.

No caso da catequese, é uma atividade que pode ajudar a melhorar a comunicação humana e cristã.

É importante, contudo, que as dinâmicas não sejam consideradas – repito! – apenas como brincadeira, ou um recurso para que o encontro não se torne monótono. Mas que o catequista possa adequar a atividade ao conteúdo a fim de facilitar a assimilação e o aprofundamento.

O verdadeiro pedagogo é aquele que conhece seus interlocutores e sabe encontrar os recursos e a metodologia que vão de encontro com a realidade e compreensão deles.

Nesse sentido, é fundamental levar em conta a dimensão cultural, a linguagem própria do lugar, os símbolos, expressões etc.

Um grande exemplo de pedagogo, como já falamos anteriormente, é o próprio Mestre Jesus Cristo. Sua metodologia, sua linguagem, as comparações, as parábolas usadas por ele estavam sempre de acordo com o tipo de ouvintes que tinha a sua frente.

DICAS DE RECURSOS PEDAGÓGICOS

- Música.
- Teatro.
- Uso de fantoches.
- Desenhos.
- Colagem de figuras.
- Painéis.
- Palavras cruzadas, caça-palavras.
- Quebra-cabeças feitos com figuras adequadas aos temas a serem trabalhados.
- Power Point.
- Filmes.
- Jogos etc.

São todos recursos que poderão ajudar o catequista a perceber uma série de elementos a serem trabalhados com o catequizando. Exemplos:

- na reprodução de um texto bíblico através de uma simples pintura (desenho), o catequista poderá observar e analisar a psicologia das cores, a percepção e compreensão dos elementos da história, o grau de equilíbrio e a harmonia, a partir da forma como o catequizando utiliza as cores e distribui o desenho de acordo com o tamanho do papel que tem em mãos.
- O fantoche pode facilitar a comunicação, sobretudo daqueles que são mais tímidos, uma vez que estarão "escondidos" atrás de um painel e apenas os fantoches irão aparecer. É um recurso que serve para todas as idades.
- O uso da música vem ganhando sempre mais espaço na catequese, visto que é um ótimo e eficaz instrumento por meio do qual se pode passar a mensagem de Jesus de forma alegre e envolvente; além de facilitar a assimilação. As músicas podem ser ouvidas em Paulinas-Comep, no aplicativo de sua preferência.

E assim, podemos dizer que o uso de dinâmica na catequese é um recurso didático que favorece a assimilação do ensino também na evangelização, e não somente na escola. Porque, muitas vezes, não é o conteúdo que nos falta, mas sim uma metodologia que nos ajude a assimilar e a transmitir um conteúdo de maneira eficaz.

A sequência das dinâmicas que agora apresentamos segue uma temática para facilitar o uso delas pelo catequista.

1. Dinâmicas bíblicas.
2. Dinâmicas de entrosamento, sacramento, Igreja, comunidade.
3. Uso de fábulas e parábolas, e de livros paradidáticos na catequese.

Dinâmicas bíblicas

A Bíblia é um dos instrumentos essenciais na catequese, pois é daí que emana a fundamentação de todo o conteúdo da doutrina da Igreja e, sobretudo, a vida e missão de Jesus, bem como as propostas de vida para todo batizado.

No entanto, sabemos que é um livro de difícil compreensão e que exige estudos e aprofundamentos constantes. Nesse sentido, as dinâmicas bíblicas na catequese poderão facilitar a compreensão e, sobretudo, levar os catequizandos a criarem o gosto pela Palavra de Deus, descobrindo, ali, um guia indispensável para a própria realidade.

1 CASA SOBRE A ROCHA (Lc 6,46-49)

Motivação

Colocar em prática as palavras de Jesus é uma exigência para segui-lo. Não basta apenas escutá-lo.

Nesse sentido, o refrão da música "Amar como Jesus amou" (CD: *Histórias que eu conto e canto*, Paulinas-Comep), do Pe. Zezinho, traduz muito bem o que Jesus transmite com a parábola da "casa que foi construída sobre a rocha":

> Amar como Jesus amou, sonhar como Jesus sonhou, pensar como Jesus pensou, viver como Jesus viveu, sentir o que Jesus sentia, sorrir como Jesus sorria...

Isto é, somos chamados a traduzir em nossa vida diária o verdadeiro sentido do amor, um amor que se manifesta em gestos concretos como os de Jesus (perdoar, acolher, partilhar, ajudar etc.), e ter os mesmos sentimentos de compaixão, de misericórdia, bem como possuir e distribuir a alegria que brota de um coração unido ao coração de Jesus.

Atividade

Com todo o grupo.

Objetivo

Contar a parábola de forma criativa para melhor assimilação do texto.

Material

- Quadro ou cartolina.
- Giz ou pincel atômico de cores diferentes.

Tempo

30 minutos.

Desenvolvimento

- Com um giz ou pincel atômico, ir narrando a parábola e desenhando no quadro (ou numa cartolina) tudo o que for acontecendo na história. Exemplo:

Um homem (desenhe o homem) resolveu construir uma casa sobre a areia (desenhe a casa na areia).

Um outro homem (desenhe o outro homem) construiu a sua casa bem em cima de uma grande rocha (desenhe a casa sobre a rocha).

Certo dia, veio uma grande tempestade (desenhe alguns riscos como se fosse o vento soprando).

Caiu também uma chuva bem forte (desenhe a chuva caindo).

A casa que estava sobre a areia desabou, caiu (faça alguns riscos em cima da casa sobre a areia).

Mas a casa que foi construída sobre a rocha permaneceu firme.

> Assim acontece quando vivemos a partir de tudo o que Jesus ensinou (o amor, a solidariedade, o perdão, o acolhimento, a justiça etc.). Quando vêm as dificuldades de nossa vida, conseguimos enfrentá-las e vencê-las sem desanimarmos, porque Jesus é a grande rocha que nos mantém sempre firmes e não nos deixa cair.

- Encerrar a dinâmica cantando a música: "A casa na rocha" – CD: *A voz dos pequeninos*, Paulinas-Comep.

2 A CRIAÇÃO (Gn 1,1-27)

Motivação

É do conhecimento de todos que o Planeta Terra está correndo sérios riscos por causa dos desmatamentos e da poluição atmosférica. Por isso, a sociedade de modo geral tem-se mobilizado para que não aconteça o pior.

Nós, cristãos, somos chamados a ajudar para que as maravilhas criadas por Deus possam ser preservadas e o ser humano, obra-prima de Deus, não venha a sofrer, ainda mais, com as consequências da destruição da natureza.

Atividade

Em grupo.

Objetivo

- Trabalhar de forma criativa o texto sobre a criação.
- Ajudar a refletir sobre a problemática ecológica.

Material

- Três cartolinas cortadas ao meio, para dividi-las em seis partes.
- Giz ou lápis de cor para cada grupo.

Tempo

60 minutos.

Desenvolvimento

- Formar seis grupos e dividir o texto, dando a cada grupo a incumbência de desenhar e pintar a parte do texto que recebeu.

(Obs.: é importante que todos os integrantes do grupo colaborem, de alguma forma, na elaboração do desenho.)

1º grupo – Ler Gn 1,1-10 e desenhar luz e noite, e também céu, terra e água.

2º grupo – Ler Gn 1,11-13 e desenhar árvores, flores, frutas.

3º grupo – Ler Gn 1,14-20 e desenhar lua, sol, estrelas.

4º grupo – Ler Gn 1,21-23 e desenhar seres vivos do fundo do mar.

5º grupo – Ler Gn 1,24-25 e desenhar animais, répteis, insetos.

6º grupo – Ler Gn 1,26-27 e desenhar homem e mulher.

Depois que todos terminarem de desenhar, o catequista chama cada um dos grupos para colocar os cartazes em ordem, formando toda a obra da criação.

Em seguida, o catequista lê o texto completo (Gn 1,1-27), mostrando para os catequizandos a sequência da criação narrada na Bíblia.

Encerrar a dinâmica cantando uma música que fale sobre a natureza.

Variante

Poderá haver um 7º grupo para recontar o texto todo através de fantoches (duas ou três pessoas).

3 RECONTAR A HISTÓRIA (Gn 1,1-27)

Motivação

Jesus foi o mais perfeito Comunicador da história da humanidade. Sua comunicação foi eficaz porque é coerente, verdadeira.

Nesse sentido, podemos dizer que a Palavra de Deus é viva e eficiente porque é autêntica: "Deus disse e tudo foi feito. E Deus viu que tudo era bom" (Gn 1,31).

Ao lermos os textos bíblicos, é importante sabermos que, ainda que alguns autores tenham escrito os mesmos episódios de formas diferentes, sua essência é única e verdadeira.

Atividade

Em grupo.

Objetivo

- Explicar a comunicação oral da história do povo de Deus e das pessoas que escreveram sobre a vida e a pessoa de Jesus, mostrando que a essência permanece, mas a forma de contar e os elementos acrescentados e/ou tirados são diversos, variando com o cotidiano de cada autor.
- Mostrar a importância de estar atento ao escutar a Palavra de Deus, para que depois possamos comunicá-la com fidelidade.

Material

Três voluntários.

Tempo

40 minutos.

Desenvolvimento

- Enviar dois ou três voluntários para fora da sala.
- Contar uma parábola de Jesus (ou outra história bíblica).
- Pedir que um dos voluntários entre na sala.
- Pedir que um catequizando reconte para ele a história que escutou. Em seguida, pedir para outro voluntário entrar e aquele que escutou a história vai recontá-la a este, e assim sucessivamente.

Conclusão

O catequista ajudará os catequizandos a perceberem os elementos que permaneceram fiéis aos fatos, os que foram trocados, os que foram acrescentados à narrativa etc.

Sugestão de textos bíblicos

"O bom samaritano"– Lc 10,25-37.

"A pesca milagrosa" – Lc 5,1-11.

"Os talentos" – Mt 25,14-30.

"A casa sobre a rocha" – Lc 6,46-49.

"A ovelha perdida" – Mt 18,12-14.

4 LUZ E PÃO (Mt 5,13-16)

Motivação

Jesus disse: "Eu sou o pão vivo..." e ainda: "Eu sou a luz do mundo". Portanto, se queremos ser cristãos, outros cristos, precisamos deixar que ele faça de nós canais, instrumentos por meio dos quais possa continuar sendo pão partido para quem tem fome de amor e luz a iluminar quem se encontra nas trevas do desânimo, dos vícios, da falta de amor, da desilusão. Não podemos ser cristãos sem sabor nem apagados.

Objetivo

- Mostrar que o papel do cristão no mundo é ser luz e pão partido para os irmãos.

Material

- Bíblia.
- Um pão.
- Duas velas.
- Uma vasilha para colocar a vela embaixo.

Tempo

30 minutos.

Desenvolvimento

- Narrar o texto bíblico: "Vós sois a luz do mundo..." (Mt 5,13-16).
- Acender a vela e depois colocá-la embaixo da vasilha, de modo a esconder a claridade dela.
- A outra vela acesa fica exposta para que todos vejam a sua claridade.
- Partilhar o pão, de maneira que todos possam sentir bem o sabor.

Para refletir com os catequizandos

Se deixarmos nossa fé (luz) se apagar, não poderemos iluminar, dar testemunho da Luz de Cristo.

Assim como a vela vai sendo gasta à medida que ilumina, também a nossa vida, se não for doada, não tem sentido.

Por isso, é importante o autoconhecimento e a valorização de si mesmo e dos outros.

Quando nos tornamos um pão saboroso para os outros, nossa vida ganha mais sentido, e também a das pessoas que saboreiam do pão.

A Eucaristia é o Pão da Vida que nos alimenta e nos dá força para caminhar e testemunhar a nossa fé.

5 PALAVRA DE DEUS

(Gn 12,1-9; Ex 3,1-10; Is 6,1.8-13; Jr 1,1-10; Lc 1,26-56.57.66; Mc 4,10-12; 3,13-19; 1Cor 12,12-31)

Motivação

Ao longo da história podemos perceber a presença sempre fiel de Deus na vida de seu povo, sobretudo através da aliança firmada definitivamente em Jesus Cristo, presença viva de Deus entre nós. Entretanto, cada pessoa é chamada a manter ativa essa aliança, dando sua resposta através de atitudes concretas que revelam a presença atuante de Jesus em sua vida e na vida de quem necessita.

Objetivo

- Mostrar que Deus é fiel à aliança feita com o seu povo.
- Ressaltar que também somos chamados a ser fiéis à Palavra de Deus.
- Lembrar a importância de nos deixarmos guiar pela Palavra de Deus.

Material

- Uma Bíblia.
- Um voluntário.

Tempo

20 minutos.

Desenvolvimento

- Convidar uma pessoa para se posicionar na frente da sala.
- Colocar em sua mão direita uma Bíblia aberta.
- Pedir que ela fique sempre com os braços estendidos e no alto, sem ajudar com a outra mão.
- Começar a narrar a história da salvação, iniciando em Abraão, Moisés, Profetas, João Batista, Maria, Jesus Cristo, Apóstolos, a Igreja, até chegar a nós, que somos chamados a dar continuidade a essa história, contribuindo com aquilo que cada um é capaz, a fim de que a Palavra de Deus permaneça sempre em primeiro lugar em nossa vida e que não a deixemos desaparecer.
- Nesse primeiro momento, fazer com que a pessoa continue sempre com o braço erguido, segurando a Bíblia, mesmo que sinta o braço doer.

- Ao terminar a narrativa, pedir que alguém venha ajudar a pessoa a segurar a Bíblia e motivar no sentido de que, numa comunidade eclesial, quando cada um faz sua parte, tudo fica mais leve e a Palavra de Deus permanece.

6 BOM SAMARITANO (Lc 10,29-37)

Motivação

A parábola do samaritano mostra que o próximo é quem se aproxima do outro para lhe dar uma resposta às necessidades. Pois o amor não pode levar em conta o preconceito. O meu próximo será sempre aquele que precisar de meu apoio, do meu acolhimento, de uma palavra amiga, de conforto e, sobretudo, aquele que necessitar de amor.

Atividade

Em grupos.

Objetivo

- Ajudar o catequizando a criar gosto pela Palavra de Deus.
- Ajudar na assimilação do texto lido, refletido e rezado.

Material

- Fantoches.
- Um pano para trabalhar com os fantoches (pode ser um lençol ou 2 metros de TNT).
- Bíblia.
- Caixa de som.
- CD: *A Boa Notícia* – Míriam Kolling, Paulinas-Comep (ou outro que fale da mesma parábola).

Tempo

60 minutos.

Desenvolvimento

- Ler o texto bíblico.
- Recontar a história usando os fantoches.
- Fazer uma reflexão com os catequizandos, buscando analisar a atitude de cada personagem da história.
- Fazer um paralelo com a realidade de hoje, ressaltando, sobretudo, a atitude de misericórdia.
- Preparar uma oração para concluir a dinâmica.

Variante

Pode-se trabalhar esta dinâmica com outros textos bíblicos.

7 PERFIL DE JESUS DE NAZARÉ

Motivação

Todo batizado é chamado a conformar sua vida à vida de Jesus. Essa conformação vai acontecendo gradativamente à medida que a pessoa passa a traduzir em sua realidade as características de Jesus e seu modo de relacionar-se com Deus.

Nesse sentido, é importante estarmos cientes de que a catequese é um processo para toda a vida. Cada dia vamos amadurecendo na fé e também nos assemelhando à pessoa de Jesus: em sua maneira de pensar, de agir, de amar.

Atividade

Em grupos.

Objetivo

- Apresentar a pessoa de Jesus, suas características e como ele se relacionava com as pessoas e com o Pai.
- Mostrar que nosso perfil deve assemelhar-se sempre mais ao de Jesus.
- Ajudar no manuseio da Bíblia.

Material

- Bíblia.
- Caneta.
- Folha ou caderno para anotações.

Desenvolvimento

- Dividir os catequizandos em seis grupos e dar a cada grupo um questionário com perguntas sobre as características de Jesus para analisarem.
- Deixá-los trabalhar por mais ou menos meia hora.
- Num segundo momento, pedir que eles façam um paralelo com suas vidas e tentem perceber em que se assemelham a Jesus e em que precisam melhorar.
- Apresentar no grupo grande o que percebeu sobre a pessoa de Jesus.
- Encerrar a dinâmica cantando "Amar como Jesus amou" – CD: *Histórias que conto e canto*, Pe. Zezinho, Paulinas-Comep, 1998.

PÉS

- Que caminhos percorrem os pés de Jesus?
- Que lugares visitam?
- Que esforços realizam?
- Quais metas se propõem?

Textos bíblicos: Mt 9,35-38; Lc 24,13-35; Jo 10,1-15.

CORAÇÃO

- O que está no coração de Cristo?
- Que sentimentos vive e tem?
- O que valoriza e aprecia?
- Por que se alegra?
- O que o entristece?

Textos bíblicos: Mt 6,19-21; Lc 6,27-38; Jo 20,26-29.

CABEÇA

- Quais as preocupações de Jesus?
- Que pensa?
- O que sonha?
- A que dá valor?
- Por que faz as coisas?

Textos bíblicos: Mt 7,7-11; Mc 15,16-20; Lc 12,22-32.

BOCA

- Quais são as palavras de Jesus?
- De que fala
- Com quem dialoga?
- O que ensina e prega?
- O que denuncia?

Textos bíblicos: Mt 5,3-12; Lc 11,1-4; Jo 10,1-18.

OLHOS

- O que olha Cristo?
- Como veem seus olhos?
- A quem olham?
- O que ensina o seu olhar?

Textos bíblicos: Mt 6,26-34; Lc 19,1-10; Jo 9,1-7.

MÃOS

- Que faz Cristo com suas mãos?
- A quem toca?
- Com quem se relaciona?
- A que obras dá mais importância?

Textos bíblicos: Mt 6,1-4; Mc 2,15-17; Jo 13,1-16.

8. CONHECER JESUS

Motivação

Conhecer Jesus supõe seguimento, discipulado, escuta, treinamento. É preciso entrar na escola do Mestre e ser fiel às suas lições. Ele mesmo disse: "Vinde e vede!". E nada mais apropriado do que a leitura da Bíblia para ter um conhecimento da pessoa de Jesus. Ali se encontram sua biografia, seus ensinamentos, seu testemunho de missionário fiel ao Pai.

Conhecer Jesus é conhecer um amigo para todos os momentos da vida.

Atividade

Em dupla ou individual.

Objetivo

- Ajudar o catequizando a perceber que o objetivo da catequese é aprender a seguir a Jesus, a ser discípulo dele. É uma escola de fé, espaço para aprender a viver como Jesus viveu e ensinou.
- Exercitar o manuseio da Bíblia.

Material

- Bíblia.
- Uma folha para cada catequizando ou dupla.

Tempo

60 minutos.

Desenvolvimento

- Encontre as características de Jesus no caça-palavras e procure-as nos textos bíblicos a seguir, colocando a palavra correspondente ao lado.
- Escolha uma palavra e escreva uma mensagem, supondo que você teria que lê-la para sua comunidade paroquial, que também busca conhecer mais a pessoa de Jesus.

Caça-palavras

Oração – Misericórdia – Perdão – Amor – Serviço
Compaixão – Fé – Solidário

O	R	O	R	A	Ç	Ã	O	M	S	T	V	B	O	P	Z	Y	L
Ã	S	M	N	M	L	O	K	B	R	I	P	C	M	N	T	I	Q
D	R	K	P	O	G	H	I	C	P	C	V	U	N	U	A	M	A
R	S	A	S	R	E	V	I	O	Ç	B	C	D	M	W	P	X	L
E	O	L	O	S	M	O	G	M	K	B	C	F	I	J	H	U	I
P	L	B	L	H	T	F	É	P	I	P	O	J	S	I	S	Y	T
L	O	P	I	A	S	F	T	A	B	Q	W	X	E	L	M	O	P
U	Y	T	D	Y	V	C	X	I	V	Ç	I	R	R	D	I	L	
E	R	T	Á	T	Y	B	F	X	D	V	N	I	I	C	Z	L	I
O	N	B	R	I	F	C	Z	Ã	Z	P	M	G	C	A	T	O	X
N	Y	U	I	O	T	C	D	O	N	H	J	L	Ó	K	I	W	Q
Y	K	P	O	I	L	B	D	T	P	N	B	Y	R	W	Q	Z	L
H	K	I	H	T	F	G	Y	U	J	G	K	E	D	C	I	T	F
B	C	X	Z	T	Y	J	M	N	S	E	R	V	I	Ç	O	B	L
M	B	R	Y	C	V	Z	J	Q	W	Y	G	T	A	P	M	I	Y

Textos bíblicos

Mt 9,10-13 _____ Mt 7,1-2 _____

Mt 11,28-30 _____ Mt 26,36-40 _____

Jo 13,1 _____ Lc 17,3-4 _____

Jo 13,12-17 _____ Lc 11,1-4 _____

Variante

Esta mesma dinâmica pode ser utilizada para enfocar temas diversos. É só destacar as palavras-chave que você gostaria de trabalhar. Por exemplo: os sacramentos, os mandamentos da Lei de Deus e da Igreja, os ministérios da Igreja, tempos litúrgicos mais fortes (Páscoa, Natal, Advento, Pentecostes etc.).

9 A BÍBLIA É UM PRESENTE DE DEUS (Js 1,8-9)

Motivação

A Bíblia narra a história de um povo e sua relação com Deus. Nela, vamos perceber o amor e a fidelidade de Deus para com seu povo, mesmo que este nem sempre lhe tenha sido fiel.

É um livro sagrado por ter sido inspirado por Deus e também se torna sagrado quando o lemos e tornamos vida em nossa vida as palavras nele contidas.

Atividade

Em grupo.

Objetivo

- Mostrar que a Bíblia é um livro inspirado por Deus e que nos foi dado como um grande presente.
- Ressaltar que a Bíblia é para ser lida, meditada e vivenciada, não para ficar guardada e fechada em uma estante como enfeite.

Material

- Bíblia.
- Papel de presente.
- Caixa de som.
- Música animada sobre a Palavra de Deus.

Desenvolvimento

- Embrulhar a Bíblia em um papel ou em vários papéis de presente.
- Colocá-la em uma caixa (pode ser de presente também).
- Pôr para tocar uma música que fale sobre a Palavra de Deus.
- Fazer com que o pacote de presente vá passando de mão em mão, despertando a curiosidade dos participantes.

- Pedir que uma pessoa abra o pacote.
- Pedir que alguém leia um texto bíblico (pode ser: Josué 1,8-9 ou outro).
- Em seguida, explicar o objetivo da dinâmica.

10 CARACTERÍSTICAS DE MARIA, MÃE DE JESUS (Lc 1,26-56; Jo 2,1-5)

Motivação

Maria teve uma importantíssima função na história da salvação. Por meio dela, Deus se encarnou e veio morar entre nós. Ela é a Mãe por excelência. Nela devemos nos espelhar para aprendermos como seguir Jesus. Por isso, ressaltando algumas das características de Maria Santíssima, podemos encontrar, sobretudo, a sua plena disponibilidade nas mãos de Deus. Ela se fez serva por amor e a ele foi fiel.

Atividade

Em grupo ou individual.

Objetivo

Apresentar algumas das características de Maria e sua importância na história da salvação.

Material

Uma folha de atividades, contendo o caça-palavras e o questionário (deve haver uma cópia para cada grupo ou catequizando, além da do catequista, que deve estar gabaritada).

Tempo

40 minutos.

Desenvolvimento

- Distribuir a cópia com o caça-palavras e as perguntas para cada catequizando.
- Aquele que primeiro encontrar todas as palavras ganhará um presente (pode ser um terço ou outra coisa).

Caça-palavras

Simples – Humilde – Acolhedora – Fiel – Medianeira – Disponível – Serva – Mãe de Jesus – Companheira – Esposa – Rainha – Amorosa

G	N	D	E	R	M	E	D	I	A	N	E	I	R	A	S	R	R	M	J
M	A	C	O	L	H	E	D	O	R	A	P	L	S	D	F	K	L	R	I
W	B	T	R	K	R	A	I	N	H	A	L	J	N	G	T	R	I	O	P
I	U	Y	D	A	Z	P	L	M	N	U	G	B	V	F	C	F	I	E	L
A	M	O	R	O	S	A	N	B	M	K	O	P	R	D	V	G	H	U	C
I	N	M	B	G	T	F	R	C	C	O	M	P	A	N	H	E	I	R	A
F	B	N	H	Y	F	C	E	S	P	O	S	A	P	L	M	N	U	I	M
I	O	N	C	V	M	S	E	R	V	A	O	P	T	B	N	M	M	V	I
O	T	G	C	B	U	Y	O	D	I	S	P	O	N	I	V	E	L	T	C
M	S	I	M	P	L	E	S	M	B	C	F	F	F	G	U	T	K	M	N
W	N	B	C	X	Z	M	Ã	E	D	E	J	E	S	U	S	N	B	V	O
O	C	V	H	U	M	I	L	D	E	J	N	B	V	Y	M	K	L	H	U

Questões para aprofundar

1. Destaque uma característica de Maria que você mais gostou e partilhe com quem está ao seu lado.

_____
_____
_____
_____

2. Escreva uma oração a Maria, apresentando a ela o que você gostaria de pedir a seu Filho Jesus.

_____
_____
_____
_____
_____
_____
_____
_____
_____
_____
_____
_____
_____

Variante

A mesma dinâmica poderá ser utilizada para o Dia das Mães, fazendo algumas adaptações, como segue.

11 CARACTERÍSTICAS DE SUA MÃE

Objetivo

Apresentar algumas das características da mãe de cada catequizando e qual a importância dela na vida de sua família.

Desenvolvimento

- Procure as palavras no quadro abaixo.

Caça-palavras

Simples – Humilde – Acolhedora – Fiel – Disponível – Companheira
Amorosa – Trabalhadora – Alegre – Dedicada

G	N	D	E	R	T	R	A	B	A	L	H	A	D	O	R	A	R	M	E
M	A	C	O	L	H	E	D	O	R	A	P	L	S	D	F	K	L	R	U
W	B	T	R	K	R	A	I	P	H	A	L	J	N	G	T	R	I	O	P
I	U	Y	D	A	Z	P	L	M	N	U	G	B	V	F	C	F	I	E	L
A	M	O	R	O	S	A	N	B	M	K	O	P	R	D	V	G	H	U	C
I	N	M	B	G	T	F	R	C	C	O	M	P	A	N	H	E	I	R	A
F	B	N	H	Y	D	E	D	I	C	A	D	A	P	L	M	N	U	I	M
I	O	N	C	V	M	S	E	B	V	A	O	P	T	B	N	M	M	V	I
O	T	G	C	B	U	Y	O	D	I	S	P	O	N	I	V	E	L	T	C
M	S	I	M	P	L	E	S	M	B	C	F	F	G	U	T	K	M	N	
W	N	B	C	X	Z	A	A	L	E	G	R	E	O	U	S	N	B	V	O
O	C	V	H	U	M	I	L	D	E	J	N	B	V	Y	M	K	L	H	U

Questões para aprofundar

1. Escreva uma oração a Maria apresentando a ela o que você gostaria de pedir a seu Filho Jesus para sua mãe.

   _____
   _____
   _____
   _____
   _____
   _____
   _____
   _____
   _____
   _____
   _____
   _____
   _____
   _____

2. Escreva duas características de sua mãe que mais se assemelham às de Maria.

   _____
   _____
   _____
   _____
   _____

12 PESCA MILAGROSA (Lc 5,1-11)

Motivação

Os milagres de Jesus, da forma que são narrados nos evangelhos, ajudam a perceber como a fé é elemento fundamental para que Jesus possa agir e realizar as maravilhas às quais ele foi enviado pelo Pai.

A narrativa da pesca milagrosa, além de nos levar a uma reflexão sobre a fé e a confiança plena em Deus, pode também nos ajudar na reflexão sobre a real situação de poluição dos rios e mares do nosso planeta.

Objetivo

- Ajudar os catequizandos a trabalharem a dimensão da fé na ação de Jesus.
- Trabalhar o aspecto ecológico que deve ser cada vez mais enfatizado, diante da atual realidade planetária em que nos encontramos (o problema da água, da pesca etc.).

Material

- Papel ofício (ou folhas de revistas usadas).
- Papel para dobradura.
- Um metro de TNT azul, ou um papel grande de cor azul.

Tempo

60 minutos.

Desenvolvimento

- Fazer a rede de pesca usando o papel ofício ou folhas de revista (dobrar a folha como se fosse fazer um leque, cortar em zigue-zague e depois abri-la para formar a rede).
- Fazer os peixinhos de dobraduras ou desenhá-los e recortá-los.
- Fazer um barco de papel grande ou cada um poderá fazer seu próprio barquinho.

- Montar um painel como se fosse o mar (pode ser um plástico azul ou um papel pintado de azul).
- Ler o texto uma ou duas vezes, ajudando os catequizandos a recontar a história.
- Montar com eles o painel, colocando o barco no mar e os peixinhos na rede.
- Encerrar a dinâmica cantando a música "A pesca milagrosa" (CD: *Sementinha*, Maria Serdenberg, Paulinas-Comep, 2002. v. 1) e utilizando gestos.

(Obs.: Ler o texto bíblico somente depois de fazer o trabalho de arte com os catequizandos. Assim, quando o texto for lido, eles vão se sentir parte da história.)

13 O SEMEADOR (Mt 13,3-9)

Motivação

O nosso coração é um "terreno" onde Jesus semeia a sua palavra. No entanto, os frutos dependem de como cada um cultiva e cuida de seu coração.

Atividade

Em grupo.

Objetivo

Refletir sobre a "qualidade" do nosso coração, que é o terreno onde Jesus semeia a sua palavra.

Material

- Três bacias pequenas.
- Terra úmida.
- Pedrinhas.
- Sementes (feijão ou milho).
- Espinhos ou galhos secos.

Tempo

30 minutos.

Desenvolvimento

- Dividir os catequizandos em pequenos grupos.
- Para um grupo, dar uma bacia com terra boa úmida; para outro, uma bacia cheia de espinhos; e para um terceiro grupo, dar uma bacia com terra pedregosa. Por fim, pedir ao quarto grupo que espalhe as sementes pelo espaço na sala.
- Ler o texto dos versículos 3 a 9, porém, sem a parte explicativa. Por exemplo: "As sementes caíram à beira do caminho...". Mas não ler a parte que fala que os passarinhos as comeram. E assim em todo o texto.
- Na semana seguinte, ver o que aconteceu com as sementes. E explicar a parábola fazendo um paralelo com a vida.

14 SERMÃO DA MONTANHA

Motivação

No chamado "sermão da montanha", ou bem-aventuranças, encontramos um verdadeiro projeto de vida. Jesus resume em poucas palavras as condições necessárias para aqueles que querem segui-lo e aponta o caminho a quem desejar entrar no Reino dos Céus: os que promovem a paz, os misericordiosos, os que usam de justiça, os que sofrem por causa de Jesus, os que amam até os inimigos, os puros de coração.

Atividade

Em grupo.

Objetivo

- Exercitar o manuseio da Bíblia.
- Trabalhar as palavras-chave do texto.

Material

- Bíblia.
- Uma cópia da atividade para cada grupo.

Tempo

30 minutos.

Desenvolvimento

- Dividir em pequenos grupos (de acordo com o número de catequizandos).
- Distribuir para cada grupo uma cópia da dinâmica.
- O grupo que terminar a atividade primeiro poderá ganhar algum brinde (o brinde é só uma forma de motivá-los a fazer com mais gosto a atividade).
- No final, o catequista poderá dar um prêmio simples para todos (uma bala, um pirulito etc.).

Para aprofundar

1. Encontre nos textos bíblicos as seguintes palavras: amai, vasilha, mundo, Deus, coração, recompensa, monte, homens, justiça, profetas, sal.

    (Obs.: Deixar que os catequizandos as encontrem. Só depois o catequista irá conferi-las.)

2. Procure as citações bíblicas e complete as frases abaixo:

    "Eu, porém, lhes digo: _____ os seus inimigos" (Mt 5,44).

    "Ninguém acende uma lâmpada para colocá-la embaixo de uma _____" (Mt 5,15).

    "Vós sois a luz do _____" (Mt 5,14).

"Felizes os que promovem a paz, porque serão chamados filhos de _____" (Mt 5,9).

"Felizes os puros de _____ porque verão a Deus" (Mt 5,8).

"Se vocês amam somente aqueles que os amam, que _____ terão?" (Mt 5,46).

"Não pode ficar escondida uma cidade construída sobre o _____" (Mt 5,14).

"Assim, também, que vossa luz brilhe diante dos _____" (Mt 5,16).

"Felizes os que têm fome e sede de _____" (Mt 5,6).

"Não pensem que eu vim a Lei e os _____" (Mt 5,17).

"Vós sois o _____ da terra" (Mt 5,13).

3. Preencha a cruzada com as palavras encontradas nas citações anteriores:

Variante

Para esse tipo de dinâmica, pode-se escolher textos diferentes para cada linha da palavra cruzada.

15 ENSINAMENTOS DE JESUS

Motivação

A catequese pode ser entendida como um processo contínuo de conhecimento e seguimento de Jesus Cristo. À medida que se vai avançando no entendimento e na vivência a partir do que ele ensinou, a pessoa cresce e amadurece em sua fé, assemelhando-se à pessoa de Jesus.

Jesus, em seus ensinamentos, nos mostrou o rosto de Deus: um Deus justo, misericordioso, compassivo e cheio de amor. Seguir Jesus é, portanto, traduzir na própria vida os atos dele.

Atividade

Em duplas.

Objetivo

- Ajudar no manuseio da Bíblia.
- Refletir sobre os ensinamentos de Jesus, aplicando-os hoje.
- Favorecer o trabalho de grupo e a ajuda mútua.

Material

- Bíblia.
- Uma cópia da atividade para cada dupla.

Tempo

60 minutos.

Desenvolvimento

- Cada dupla tem de completar as palavras cruzadas.
- As perguntas a seguir estão relacionadas às palavras que foram encontradas na palavra cruzada e serão colocadas numa caixinha, a qual será passada de mão em mão, ao som de uma música. Quando a música parar, a pessoa que estiver com a caixa tira uma das perguntas e a responde. Poderá também solicitar a ajuda do colega com quem fez as palavras cruzadas.

Palavras cruzadas

Amor – Verdade – União – Sal da Terra
Misericórdia – Coragem – Servir – Alegria
Justiça – Íntegro – Rezar.

Questões para aprofundar

1. O que é ser justo?

2. Como você define uma pessoa verdadeira?

3. "Ser o maior é servir." Explique esta afirmação de Jesus.

4. É possível viver a união, mesmo na diversidade?

5. O que significa ser "sal da terra"?

6. Como você percebe a dimensão da "coragem" na vida do jovem de hoje?

7. Qual o valor da oração para você?
_____
_____
_____

8. Você acha que é possível ser alegre mesmo diante dos desafios e problemas da vida? Comente.
_____
_____
_____
_____
_____
_____

9. Como é um coração misericordioso?
_____
_____
_____

10. O que é ser uma pessoa íntegra?
_____
_____
_____

11. Para você, qual o verdadeiro sentido do amor?
_____
_____
_____

Sugestões de respostas

(Obs.: As sugestões de respostas devem ficar apenas com o catequista, para que auxilie o catequizando caso ele tenha dificuldade em responder.)

1. Ser justo é ser bom, é ter atitudes corretas, coerentes; é ser fiel a Deus e a si mesmo; é ter bons princípios e agir como Jesus agiu.
2. Ser verdadeiro é ser sincero, lógico; não agir com falsidade, mentiras; é ser transparente, não fingir ser uma coisa sendo outra, diante de si mesmo e dos outros.
3. Quando Jesus se apresenta como Mestre, ele diz que mestre é aquele que serve, aquele que deve dar exemplo de doação para seus discípulos.
4. União não significa que tudo e todos têm que ser iguais, pensar e agir da mesma forma. A união está justamente no fato de cada um ser diferente e somar forças com o diferente do outro.
5. Ser sal da terra significa ser uma pessoa capaz de sair de si, de ajudar o outro, de dar sabor à vida dos outros através de gestos e palavras positivas, palavras de apoio, de conforto, como o fez Jesus.
6. É próprio do jovem querer demonstrar que tem "coragem" diante dos desafios da vida. No entanto, nem sempre consegue perceber que ter coragem não quer dizer aceitar determinados desafios que o grupo impõe e que depois acabam levando a uma vida de fragilidade, aos vícios.
7. A oração é o sustento para nossa vida. O próprio Jesus, antes de realizar suas atividades, sempre se dirigia ao Pai em oração. Muitas noites ele passou em oração para vencer as tentações e para não desanimar diante dos desafios da missão.
8. A alegria não é isenção de problemas ou de desafios. Ser alegre é ser capaz de enfrentar a dinâmica do dia a dia, na certeza de que Jesus é o Senhor de nossa vida e que ele tem o controle total de tudo aquilo que nos cerca. A alegria é a presença de Deus dentro de nós e que deixamos aflorar mesmo e apesar dos problemas.
9. Um coração misericordioso é aberto, capaz de amar, de ter compaixão, de acolher, de perdoar e de doar-se na gratuidade.

10. Como pessoa íntegra, podemos entender como ser plenamente aquilo ao qual cada um é chamado: ser humano; pessoa capaz de viver de acordo com o projeto de Deus, que é a vivência do amor; um amor que vai se concretizando nas atitudes do nosso dia a dia, na ajuda que damos a quem precisa, na solidariedade, na partilha, no perdão etc. E, à medida que vamos agindo como verdadeiros cristãos, vamos nos tornando o reflexo de Deus que é íntegro, coerente. É algo que exige uma atitude de conversão diária: "Até que Cristo se forme plenamente em nós" (Gl 4,19).

11. O amor move tudo. Por amor Deus nos criou. Por amor, Jesus deu a vida por nós. Por amor, mães se entregam sem reservas no cuidado dos filhos. Por amor, muitas pessoas continuam levando avante a missão de Jesus. "Sem amor, nada somos" (1Cor 13).

16 BOM PASTOR
(Jo 10,11-16; Mt 18,12-14; Sl 22[23])

Motivação

Jesus se apresenta como o Bom Pastor, aquele que dá a vida por suas ovelhas. Ele conhece cada uma pelo nome e elas o escutam e seguem sua voz.

O catequista é chamado também a conhecer cada um de seus catequizandos pelo nome e, por eles, dar o melhor de si, para que possam acreditar que, de fato, Jesus é o Pastor que os ama e que nunca os abandona. Será através da relação afetiva, do acolhimento, da compreensão, que os catequizandos poderão fazer uma boa experiência do amor incondicional de Deus por eles.

Atividade

Individual.

Objetivo

- Levar o catequizando a assimilar e aprofundar o texto bíblico.
- Ajudá-lo a fazer a experiência de sentir-se amado e cuidado por Jesus, que se apresenta como o Bom Pastor.

Material

- Algodão (ou papel crepom branco).
- Figuras de ovelhinhas.
- Cola branca.
- Tesoura.
- Fita adesiva.
- Papel marrom.
- Papel crepom verde.

Tempo

60 minutos.

Desenvolvimento

- De preferência, cada catequizando desenha uma ovelhinha, em vez de usar uma ilustração.
- Fazer colagem sobre a ovelhinha com bolas de algodão (ou papel crepom branco).
- Montar um painel sobre papel marrom, como se fosse uma montanha, pregar a ovelha de cada criança e acrescentar alguns detalhes verdes (gramas).
- É importante também colocar uma figura representando a imagem de Jesus no painel.

Reflexão

- Tornar familiar ao catequizando os personagens do texto: pastor, ovelha, mercenário etc.
- Ajudá-la a reconstruir a história.
- Fazer paralelo com a vida, hoje.
- Encerrar a dinâmica cantando uma música.

17 POÇO DA SAMARITANA (Jo 4,1-42)

Motivação

Os samaritanos eram discriminados pelo povo judeu. Mas Jesus, ao se aproximar da mulher samaritana, discriminada também por ser mulher, mostra que devemos nos livrar de qualquer tipo de preconceito.

No diálogo com aquela mulher, ele se apresenta como a água que sacia a nossa sede para sempre. A sede de amor, de paz, de razão de viver.

Ao beber da água viva que é Jesus, a pessoa muda de vida e passa a ser discípula; parte para o anúncio da Boa-Nova de Jesus Cristo.

Atividade

Individual ou em dupla.

Objetivo

- Mostrar que, quando a pessoa faz a experiência com Jesus, ela parte para o serviço, para o anúncio.
- Mostrar que Jesus não faz distinção entre as pessoas (os judeus não aceitavam os samaritanos e a mulher era discriminada).

Material

- 20 caixas de fósforo (vazias).
- 3 palitos de sorvete.
- Metade de uma cartolina.
- Um metro de barbante.
- 1 palito para churrasco.
- Um rolinho de papelão (que vem dentro do rolo do papel higiênico).
- Massinha de modelar ou argila.

Desenvolvimento

- Cortar um pedaço da cartolina (15 x 15 cm), que será a base do poço.

- Ir colando as caixas de fósforo em círculo, até formar o poço.
- Colar um palito de sorvete de cada lado do poço e, entre os dois, na horizontal, colocar o palito de churrasco.
- O balde e o cântaro da samaritana podem ser feitos com massinha de modelar ou argila.
- Quebrar um palito de sorvete ao meio, cole-os em forma de L para formar a manivela pela qual se puxa o balde.

Variante

Pode-se fazer encenações sobre o texto da samaritana, para trabalhar com os catequizandos de crisma questões relativas aos preconceitos existentes hoje na sociedade (regionais, raciais, entre os colegas, entre famílias e, às vezes, dentro da própria comunidade etc.).

Dinâmicas de entrosamento, sacramentos, Igreja, comunidade

É sempre bom quando aplicamos um recurso pedagógico que possa facilitar a compreensão e a assimilação do conteúdo a ser comunicado. Muito mais, quando esse conteúdo refere-se à Boa-Nova de Jesus Cristo, sobre os ensinamentos da Igreja e os valores que cada cristão é chamado a assumir para o maior crescimento pessoal e comunitário, sobretudo no que tange ao respeito e à acolhida do diferente que existe em cada pessoa.

1 PAINEL COMUNITÁRIO A (1Cor 12,4-11)

Motivação

Quando falamos de Igreja estamos nos referindo à vida em comunidade, ao enriquecimento mútuo a partir dos diferentes dons que cada membro da comunidade recebe de Deus para o bem comum.

O painel comunitário poderá levantar uma série de elementos para o catequista perceber a capacidade de participação do grupo, e ser também um momento de incentivo para os que têm maiores dificuldades de se expor.

Atividade

Em grupo.

Objetivo

- Despertar para o senso de respeito ao diferente, que pode enriquecer o trabalho do outro.
- Dar espaço para o outro, aceitando que o universo de cada um é diferente.

- Exercitar a participação e a relação grupal.
- Ajudar o catequista a conhecer um pouco as características e o jeito de ser de cada catequizando.

Material

- Uma cartolina grande.
- Pincéis atômicos ou giz e lápis de cor.

Tempo

60 minutos.

Desenvolvimento

- Em uma cartolina, todos os catequizandos, um a um, vão desenhar uma paisagem. Cada qual, na sua vez, acrescenta o que acha que falta, fazendo do jeito que considerar melhor. Enquanto um desenha, os outros devem prestar atenção, mas ficar calados. Se a pessoa que está desenhando pedir sugestão, então o grupo é livre para opinar.
- No final, analisar do trabalho, ressaltando o empenho de cada um (a criatividade, o relacionamento, o respeito, como o grupo se sentiu fazendo o desenho etc.).

Variante

Pode-se também chamar a atenção para a obra da criação. Deus a criou e nos deixou para que pudéssemos continuá-la, dando-nos os dons necessários para embelezarmos a vida e o mundo.

Esta é uma dinâmica que poderá ajudar o catequista a conhecer um pouco seus catequizandos. Por isso, é aconselhável utilizá-la nos primeiros dias dos encontros de catequese.

2 PAINEL COMUNITÁRIO B

Motivação

Uma comunidade cresce a partir da colaboração de cada um de seus membros. Porém, é preciso que essa colaboração seja feita de forma gratuita e que leve à harmonia, sem que alguém queira ser ou se julgue mais que o outro, respeitando as qualidades e limites uns dos outros.

Atividade

Em grupo.

Objetivo

- Conhecer o grupo.
- Desenvolver o espírito de participação e colaboração.
- Trabalhar a questão da harmonia.

Material

- Duas cartolinas.
- Figuras de pessoas, animais, árvores, flores, água, sol etc.
- Lápis ou giz de cor.

Tempo

40 minutos.

Desenvolvimento

- Dividir os catequizandos em grupos de dois ou três.
- Distribuir uma figura para cada um e pedir que montem um painel, como se estivessem fazendo um esboço da criação do mundo.
- Cada grupo apresenta seu painel e os participantes vão dizer o que sentiram ao realizar o trabalho.

Variante

O catequista pode perguntar:

- Como você se sentiu no grupo?
- Encontrou espaço para participar?
- Sentiu-se livre, à vontade etc.?
- Gosta de trabalhar em grupo?
- Se você tivesse que idealizar um novo mundo, como você o idealizaria?
- Como você vê o mundo hoje? O que está precisando? O que você mudaria?

3 CONHECENDO O CATEQUIZANDO

Motivação

Um dos aspectos fundamentais para que o catequista consiga ter bons resultados está no conhecimento da realidade de cada catequizando (realidade familiar, socioeconômica, pessoal etc.). Conhecendo a realidade básica dos catequizandos, ele poderá usar uma linguagem e o método que melhor se adéque à necessidade deles.

Atividade

Individual.

Objetivo

- Obter maior conhecimento da realidade do catequizando, a fim de facilitar a compreensão das suas atitudes e melhorar a aplicação dos conteúdos à vida dele.
- Fazer da catequese um lugar de experiência que atinja o coração.

Material

Papel colorido.

Tempo

40 minutos.

Desenvolvimento

- Pedir que cada um desenhe no papel o formato de um coração (se preferir, podem ser entregues papéis já recortados em coração) e depois escreva dentro dele:
  a) Algo que mais goste de fazer.
  b) Algo que menos goste de fazer.
  c) Algo que gosta na família.
  d) Por que está na catequese?

  (Obs.: Se achar necessário, o catequista pode elaborar outras questões que julgue importante para melhor conhecimento da turma.)

- Cada um pode ler e, se quiser, explicar o porquê de cada resposta. É importante que o catequista ajude a criar um clima de confiança para que os catequizandos tenham liberdade de partilhar. Se alguém não sentir vontade de falar, deixá-lo livre e encontrar outras formas e momentos adequados para que isso aconteça.

- Concluir fazendo uma oração espontânea que acolha tudo o que foi partilhado.

Variantes

Se o catequista quiser, pode dar um abraço em cada um dos catequizandos, dizendo uma palavra que os faça sentirem-se acolhidos; e também pode recolher os desenhos e guardá-los, para que tenha os catequizandos sempre presentes em suas orações diárias.

4 JORNALISTA EVANGELIZADOR

Motivação

Todo batizado é chamado, pelo testemunho, a tornar-se um evangelizador onde quer que esteja.

A catequese é, na verdade, um espaço onde o catequizando inicia o seu processo de seguimento; de discipulado e, por conseguinte, de comunicador da Boa-Nova de Jesus Cristo. Por isso, essa dinâmica, poderá auxiliar no exercício desse processo de comunicação.

Atividade

Em grupo.

Objetivo

- Favorecer o entrosamento.
- Conhecer a realidade do catequizando.
- Ajudá-lo em sua desenvoltura.
- Trabalhar o texto bíblico de forma criativa.

Material

Bíblia.

Tempo

60 minutos.

Desenvolvimento

- Escolher um texto bíblico (parábola) de acordo com faixa etária da turma.
- Elaborar algumas perguntas fáceis para que eles possam responder.
- Escolher e/ou pedir para alguém do grupo fazer papel de repórter. Este irá fazer as perguntas a respeito do texto bíblico trabalhado, a quem ele quiser.

Sugestões de perguntas

- Qual o autor do texto?
- Sobre o que fala o texto?

- Qual a mensagem que você tirou deste texto?
- O que você não entendeu do texto e gostaria que o catequista explicasse melhor?

Variante

Para que fique mais criativo, o catequista poderá montar uma espécie de rádio ou TV, confeccionando microfones de papel (ou como achar melhor).

(Obs.: Cuidar para que tudo seja feito num clima que favoreça a dinâmica. Pode ser descontraído, porém, não levado na brincadeira para não tirar o objetivo da assimilação do texto trabalhado.)

5 COMO FALAR SOBRE O PECADO

Motivação

O ser humano foi criado à imagem e semelhança de Deus. No entanto, nem sempre consegue revelar Deus em sua maneira de ser e agir, o que acaba provocando rompimentos nas relações humanas e ofuscando essa imagem de Deus.

E o pecado é justamente o que acontece quando rompemos nossas relações com Deus, com o próximo, com a natureza.

Contudo, Deus sempre está pronto para nos acolher quando reconhecemos nossas falhas e somos capazes de nos abrirmos ao perdão.

Disse Jesus: "Se vocês plantarem uma árvore boa, o fruto dela será bom; mas se plantarem uma árvore má, também o fruto dela será mau..." (cf. Mt 12,33-37).

Jesus dá uma orientação fundamental para que cada pessoa faça as suas opções para o bem ou para o mal. Vamos semear o bem para colhermos o bem?

Atividade

Individual.

Objetivo

- Facilitar a compreensão do que é pecado.
- Mostrar que a desobediência ao Projeto de Deus corta a nossa relação com ele, colocando-nos numa situação de pecado, em confronto com nossos limites humanos.
- Mostrar que Deus nos liberta do pecado através de Jesus Cristo, nosso Salvador.

Material

- Massa de modelar ou argila.
- Papel e lápis de cor.

Desenvolvimento

- Pedir para que cada catequizando desenhe algo ou crie uma obra de arte (com a massa de modelar) relacionada à natureza (plantas, flores, bichos, insetos, sol, céu, pessoas etc.). Em seguida, pedir que eles troquem seus desenhos ou obras com os colegas. Quando todos tiverem trocado, o catequista contará até três e pedirá que os catequizandos façam o que ele fizer, ou seja, amassem a obra que está nas mãos deles.
- Solicitar que eles partilhem o que sentiram quando os amigos estragaram a obra de arte que eles haviam feito com tanto carinho.
- Fazer a comparação: Deus criou a natureza, os animais; criou o ser humano com muito amor e carinho para ser feliz. Porém, o ser humano, muitas vezes, tem estragado sua obra de arte, ferindo ou "amassando" uma pessoa com apenas um olhar, um gesto, uma palavra, e fazendo do planeta um verdadeiro depósito de lixo, matando a vida das plantas, peixes, animais, aves etc.

  Explicação: toda vez que fazemos o mal para uma pessoa, estamos ofendendo a Deus, que a criou. Deus nos criou para fazermos o bem, para ajudarmos os nossos semelhantes, mas, se não vivermos como ele quer, estaremos indo contra sua vontade.

Por isso, Jesus veio para nos ensinar como fazer sempre a vontade de Deus.

(Ler At 2,42ss – A vida das primeiras comunidades.)

Jesus mostra que, quando estamos indo por um caminho que não agrada a Deus, pecamos, pois somos obra de Deus e ele não quer que nossa vida seja jogada fora. *(Ler: Mt 18,12-14 – Parábola da ovelhinha perdida.)* O pastor vai onde ela estava, cura suas feridas e a coloca novamente junto com as outras ovelhas para caminhar com ele.

A história da maçã não está na Bíblia, mas pode ter sido criada como uma forma de expressar que nós desobedecemos a Deus, deixando-nos seguir pelos nossos desejos e sentimentos. Por exemplo: quando sentimos raiva de alguém, nossa vontade é a de bater nela. Porém, se agirmos como filhos de Deus, não seguiremos a nossa vontade e não bateremos na pessoa, mas encontraremos uma outra forma de expressar raiva sem, com isso, prejudicarmos quem nos ofendeu.

Dentro de nós existe a tendência para o bem e para o mau, mas cabe a cada um agir de acordo com um ou com o outro.

- Concluir a dinâmica rezando o Pai-Nosso. Todos de mãos dadas em sinal de reconciliação e para mostrar que somos irmãos e iguais diante de Deus.

6 A CRUZ A

Motivação

Todo batizado é chamado a ser outro Cristo, ou seja, amar, sentir, pensar, agir etc. como Jesus. E isso implica assumir a sua causa com as suas consequências.

Ser batizado é entrar no caminho de seguimento de Jesus, num caminho de discipulado que dura a vida inteira.

Atividade

Em grupo.

Objetivo

- Refletir sobre o nosso processo de cristificação, ou seja, o nosso processo de seguimento de Jesus Cristo e nossa semelhança de vida com a dele.
- Mostrar que a ressurreição passa pela cruz.

Material

Uma folha de papel sulfite.

Tempo

40 minutos.

Desenvolvimento

- Recortar uma cruz.
- Pedir aos catequizandos que escrevam de um lado da cruz uma ou mais características de Jesus que mais admiram e, do outro lado, uma ou mais características que mais admiram neles mesmos.
- Dividi-los em pequenos grupos e cada grupo deverá apresentar, de forma criativa, algo que expresse as características apresentadas por cada um.

  Ou, simplesmente, passar a cruz para quem está à direita e depois falar o próprio nome, o nome do dono da folha e ler as características que a pessoa escreveu na cruz.
- Ter como texto-base: Gl 4,19 –"Até que Cristo seja formado em vós".
- Encerrar a dinâmica com uma oração e o mantra: "Pai Santo, para que Cristo, teu Filho, se forme em mim, dá-me o teu Espírito" (crie uma melodia simples).

7 A CRUZ B

Motivação

Seguir a Cristo supõe assumir a cruz cada dia. Porém, nem sempre é tão fácil. Às vezes, queremos construir uma cruz do nosso jeito. Mas a cruz de Cristo não se amolda de acordo com o que queremos. É preciso abraçar a dinâmica da vida com tudo aquilo que faz parte dela: os desafios, as relações humanas, as alegrias, tristezas, frustrações... Sobretudo, supõe a coragem de abraçar os irmãos e amá-los incondicionalmente, da mesma forma que Jesus abriu seus braços na cruz, abraçando e acolhendo, ali, toda a humanidade como prova de seu amor incondicional. Por isso, não existe cruz só com a parte vertical, nem só com a parte horizontal. Não existe uma verdadeira relação com Deus se não houver uma relação com os irmãos e irmãs.

A cruz, para os cristãos, é símbolo de doação, de entrega... Por isso, assumir a cruz é assumir a mesma dinâmica de vida de Jesus.

Atividade

Individual.

Objetivo

- Mostrar que o processo de discipulado passa pela cruz e que, à medida que vamos fazendo nossas as características de Jesus, nos assemelhamos a ele.
- Revelar que o caminho para se chegar ao Pai (Deus) deve passar pela realidade concreta dos nossos irmãos e pela nossa própria realidade pessoal e relacional (família, amigos etc.).

Material

- Folha de papel sulfite.
- Caneta.

Desenvolvimento

- Fazer a cruz de dobradura ou recortar no papel o formato de uma cruz.

- Pedir aos catequizandos que escrevam de um lado da cruz, na parte horizontal, algumas qualidades (características) de Jesus e, do outro lado, algumas qualidades deles próprios.
- Pedir aos catequizandos que escrevam de um lado da cruz, na vertical, algumas realidades do povo e, do outro lado, algumas realidades deles próprios (pessoais, familiares etc.).
- Encerrar a dinâmica cantando a música "Amar como Jesus Amou" – CD: *Histórias que conto e canto*, Pe. Zezinho, Paulinas-Comep, 1998.

Para partilhar

- O que você acha mais difícil nessa proposta de discipulado?
- O que o incomoda no seu jeito de ser que gostaria que fosse diferente?

(Obs.: podem ser acrescentadas outras perguntas que o catequista achar oportunas, de acordo com a realidade de sua turma.)

8 CONTADORES DE HISTÓRIAS

Motivação

Toda pessoa é capaz de expressar seus sentimentos e pensamentos, basta que haja incentivo e exercícios que a ajude e estimule.

Muitas vezes, encontramos no ambiente da catequese crianças e jovens que têm dificuldade em se expressar. A dinâmica que segue poderá ser um instrumento facilitador para uma participação de todos no trabalho em grupo.

Atividade

Em grupo.

Objetivo

- Despertar para a importância da partilha.

- Estimular a participação, principalmente daqueles que têm maior dificuldade em falar.

Material

- Figuras variadas.
- Caixa de som (opcional).
- Músicas (opcional).

Desenvolvimento

- Selecionar várias figuras de: família, crianças, Jesus, jovens, situações sociais, eclesiais etc.
- Distribuir uma para cada criança (que devem estar sentadas em círculo).
- Pedir que, quem tenha a figura de Jesus, comece a criar uma história.
- Depois, pedir que os demais deem continuidade à história a partir da ilustração que tem nas mãos.
- Encerrar a dinâmica cantando a música "Obrigado" – CD: *Sementinha*. Paulinas-Comep, 1994, v. 4 (ou outra à escolha).

Variante

Pode-se utilizar fantoches na hora da partilha. Isso poderá facilitar no caso de catequizando que tem dificuldade de se expressar.

9 CRIAR FRASES

Motivação

O recurso pedagógico é sempre um instrumento que pode auxiliar no melhor desenvolvimento e aprofundamento do tema explanado. Esta dinâmica tem justamente esse objetivo, além de favorecer o trabalho em equipe e ajudar no raciocínio lógico dos catequizandos.

Atividade

Em grupo.

Objetivo

Retomar o tema abordado e aprofundá-lo.

Material

- Papel.
- Pincel atômico.

Tempo

60 minutos.

Desenvolvimento

- Formar duas ou três equipes (de acordo com o número de catequizandos).
- Distribuir para cada equipe algumas letras que possam formar palavras e/ou frases relacionadas com o tema desenvolvido.
- A cada frase e/ou palavra que cada equipe criar, o catequista vai anotando e depois poderá conversar a respeito de cada uma e/ou pedir, num segundo momento, que os próprios catequizandos comentem.
- A equipe que conseguir formar o maior número de frases ganhará um prêmio.
- Escolher uma música de acordo com o tema desenvolvido e cantar com eles.

Exemplo:

Tema: "Eucaristia"

Palavras: fé, amor, doação, partilha, gratuidade, servir, celebração etc.

Palavras de ligação: de, da, o, a, e, é, na, no, nossa, com etc.

Frase: "Eucaristia é servir na gratuidade"

10 ESCRITORES MIRINS

Motivação

Jesus, ao subir aos céus, disse: "Eis que estarei com vocês todos os dias, até o fim dos tempos" (Mt 28,20). Essa certeza deve estar presente em todos os momentos de nossa vida. Por isso, é importante conhecer a realidade dos catequizandos e ajudá-los a perceber sinais dessa presença viva de Jesus na vida deles e nos acontecimentos da história da humanidade.

Atividade

Individual.

Objetivo

- Despertar a criatividade.
- Desenvolver a escrita com histórias bíblicas.
- Perceber que tipo de relacionamento a criança tem com a pessoa de Jesus.

Material

- Figuras.
- Papel.
- Caneta.

Tempo

60 minutos.

Desenvolvimento

- Espalhar no chão figuras de pessoas, de situações do cotidiano, da natureza etc., viradas para baixo.
- Pedir que cada catequizando pegue uma ou mais figuras e escreva uma historinha a partir do que perceber nelas, procurando inserir aí a pessoa de Jesus.

- Fazer uma cópia de todas as histórias e montar um pequeno livrinho. Depois, entregá-lo para cada criança, de maneira que possam conhecer as histórias de todo o grupo.

Variante

Pode-se fazer uma exposição dos livrinhos, de modo que outras pessoas possam ver. Ou ainda uma exposição na entrada da Paróquia, no horário da celebração das crianças.

11 EXPERIÊNCIA DE DEUS

Motivação

O profeta Isaías nos apresenta a imagem de um Deus amoroso, que jamais se esquece de suas criaturas. "Você está gravado na palma de minha mão" (Is 49,16). Esta é uma expressão que revela o quanto estamos ligados a Deus, e que nada será capaz de "nos separar do amor que ele tem por nós" (Rm 8,39).

Atividade

Individual.

Objetivo

Ajudar o catequizando a fazer uma experiência de Deus, levando-o a sentir o amor de Deus, que o carrega em suas mãos.

Material

- Desenho.
- Lápis de cor.

Tempo

40 minutos.

Desenvolvimento

- Distribuir aos catequizandos uma estampa que contenha o desenho de uma mão com uma criança sobre ela (pode ser também cartões com a imagem de um passarinho nas mãos de alguém etc.)
- Pedir que eles pintem o desenho (caso seja preto e branco).
- Escrever ao lado do desenho: "Quem é Deus para você?".
- Motivá-los a partilhar a imagem de Deus que escreveram no papel.
- Fazer um levantamento, com os catequizandos, de coisas boas que aconteceram na vida deles (atitude de carinho de alguma pessoa para com eles etc.) e ajudá-los a perceber que o que acontece de ruim não é culpa de Deus, mas sim consequência de nossos próprios limites.

12 SER IGREJA

Motivação

Ser Igreja é uma questão de opção de vida. Não basta sermos batizados e recebermos os sacramentos. É preciso que a graça sacramental torne-se vida dentro de nós e nos leve a atitudes concretas para o crescimento pessoal e da comunidade.

Atividade

Em dupla ou trio.

Objetivo

Apresentar algumas características próprias do ser Igreja/povo de Deus.

Material

- Papel.
- Caneta.

Tempo

40 minutos.

Desenvolvimento

- Escolha uma das palavras abaixo e escreva uma mensagem, tendo presente o sentido de ser Igreja.

> Servir, rezar, compromisso, partilha, agradecer, repartir, celebrar, ser justo, comungar.

Exemplo:

Celebrar

a) Todo cristão é chamado a celebrar a própria vida, a vida da comunidade e, acima de tudo, celebrar a presença de Deus no meio do seu povo.

b) Celebrar a vida é uma das mais lindas expressões de gratidão ao imenso amor de Deus, que nos criou à sua imagem e semelhança.

- Pedir para o catequizando escolher uma pessoa em sua turma e dar a mensagem que escreveu.

Variante

Pode-se fazer uma palavra cruzada usando as mesmas palavras, ou sugerir uma das palavras para que cada um monte uma palavra cruzada diferente. Exemplo:

	S	ERVIR
R	E	ZAR
COMP	R	OMISSO
PART	I	LHA
A	G	RADECER
	R	EPARTIR
CEL	E	BRAR
SER	J	USTO
COMUNG	A	R

13 PAZ

"Felizes os que promovem a paz" (Mt 5,9).

Motivação

Viver a paz é o anseio de todo ser humano. Por isso, temos visto uma série de movimentações no mundo inteiro em favor da paz (no trânsito, nas famílias, nas escolas, entre países...).

É papel também da Igreja mobilizar os fiéis para que busquem a vivência da solidariedade, do amor, do perdão, que terá como consequência a paz.

Atividade

Em grupo.

Objetivo

- Ajudar a conscientizar da necessidade de fazer algo pela paz.
- Refletir sobre os valores e contravalores que estão presentes no mundo.

Material

- Faixas de papel.
- Pincel atômico.
- Caixa de som.
- Música: "Oração de São Francisco".

Tempo

40 minutos.

Desenvolvimento

- Preparar algumas faixas de papel.
- De um lado escrever as palavras: erro, ódio, fome, tristeza etc., e do outro lado, as palavras: verdade, perdão, alegria, solidariedade etc.

- Formar um grupo de pessoas em que cada uma segure uma faixa com os contravalores virados para frente.
- Colocar a música: "Oração de São Francisco" (ou alguém pode cantar).
- À medida que a música vai falando sobre as palavras contidas nas faixas, as pessoas que as estão segurando vão se levantando e virando-as para o lado que estão escritos os valores.
- No final, todos podem cantar, juntos, a música.
- Refletir com o grupo sobre as diversas situações da sociedade, das famílias, dos jovens etc., e o que se pode fazer para ajudar na construção da paz.

Variante

- Se quiser, pode-se também vestir as pessoas com algum traje apropriado, de acordo com os personagens da cena.
- Outra sugestão é propor que o grupo faça uma apresentação para as demais turmas da catequese.

14 IMAGEM E SEMELHANÇA DE DEUS (Gn 1,26)

Motivação

Deus criou o ser humano à sua imagem e semelhança, e o ser semelhante a Deus significa ir gradativamente conformando a vida à vida de Jesus, que disse: "Quem me viu, viu o Pai" (Jo 14,9-11). Essa conformação de nossa vida com o Pai só é possível a partir do que ele nos revela por meio de sua Palavra encarnada, Jesus, que é a imagem por excelência de Deus.

Ninguém foi criado para si próprio. Se somos imagem e semelhança de Deus, então somos seres criados para criar, para sairmos de nós mesmos. É somente na saída de nosso mundo interior que nos realizamos como pessoa, como imagem e semelhança de Deus.

Atividade

Em grupo.

Objetivo

Mostrar que tudo o que de bom Deus faz o ser humano é chamado a fazer na terra.

Tempo

30 minutos.

Desenvolvimento

- Colocar uma pessoa diante de outra e pedir que uma delas imite cada gesto e palavra de quem está a sua frente, como se fosse um espelho. Para mostrar que em cada gesto e palavra nossas devem refletir cada gesto e palavra de Deus, de Jesus.
- Recordar as palavras de São Paulo apóstolo, quando ele diz: "Até que Cristo seja formado em vocês" (Gl 4,19-20). Ou seja, nossos pensamentos, sentimentos, gestos e palavras devem ser os mais semelhantes possíveis aos de Jesus, a ponto de podermos um dia dizer: "Já não sou que vivo, mas é Cristo que vive em mim" (Gl 2,20).
- Lembrar que todo cristão é chamado a conformar a sua vida à vida de Jesus. E isso é um processo de cristificação, ou seja, assumir os desafios e alegrias de cada dia a partir do projeto de Deus, da mesma forma que Jesus o fez.

Variante

Distribuir uma folha para cada catequizando, em que estejam elencadas algumas características de Jesus; pedir que façam um paralelo com a vida deles e escrevam ao lado quais daquelas características eles percebem em si mesmos.

Depois, motivá-los para que se esforcem no dia a dia para aperfeiçoá-las e conquistar outras.

15 SAGRADA FAMÍLIA

Motivação

Um dos grandes desafios para a catequese, hoje, é conseguir fazer um trabalho integrado com a família do catequizando. É uma realidade que precisa ser trabalhada com urgência, porque não se pode falar uma linguagem na catequese e outra no ambiente familiar, sobretudo, porque a família deve ser a primeira a testemunhar a fé para os que estão iniciando-se no processo de conhecimento e seguimento da pessoa de Jesus.

Daí a necessidade de o catequista ter um conhecimento básico da realidade familiar de seus catequizandos e, na medida do possível, buscar esse trabalho de "parceria".

Atividade

Individual.

Objetivo

- Trabalhar os valores da família.
- Fazer um levantamento sobre a realidade familiar do catequizando.

Material

- 2 garrafas pet de 600 ml.
- 1 garrafa pet de 250 ou 300 ml.
- 2 cabeças de boneca de 5 cm e 1 de 3 cm, plásticas.
- Retalhos de tecido ou TNT.
- Fitinhas para enfeitar as roupas.
- 1 palito de churrasco.

Tempo

60 minutos – confecção.

60 minutos – conteúdo.

Desenvolvimento

- Colar as cabeças maiores na boca das garrafas pet de 600 ml (para representar Maria e São José).
- Fazer o mesmo com a cabeça menor (para representar Jesus criança).
- Produzir as roupas dos personagens, colando-as nas garrafas de acordo com a criatividade de cada um.
- Colar o palito de churrasco no braço de São José, que pode ser feito de tecido.
- Quando todos tiverem terminado de confeccionar os bonecos, pedir que cada um escreva uma historinha a partir dos personagens que criaram.
- O catequista levará as historinhas para casa, a fim de lê-las e perceber os elementos importantes para serem trabalhados com a turma.
- Buscar textos que possam iluminar as questões levantadas.

Exemplo:

Caso apareça o problema relacionado com o pai, pode-se ler os textos que falam do "Bom Pastor" (Jo 10,11-16 – Bom pastor; Mt 18,12-14 – Ovelha perdida; Salmo 22[23]), para mostrar que mesmo que o pai biológico nos abandone, Deus jamais abandona, mas cuida com amor e carinho de cada um.

Variante

A mesma técnica pode ser usada no período do Natal para representar o nascimento de Jesus.

Fazer o corpinho de Jesus em tamanho menor e utilizar o fundo de uma garrafa pet grande para confeccionar a manjedoura.

16 OS SETE SACRAMENTOS

Motivação

Podemos dizer que os sacramentos são expressões do encontro entre Deus e os seres humanos, a partir da experiência na comunidade eclesial. São experiências de vida e de comunhão com Deus. Por isso, não basta apenas recebê-los, precisam ser vivenciados, celebrados, partilhados.

Os sacramentos são sinais visíveis da presença de Deus, que se expressam na comunhão fraterna. Isto é, através dos gestos e palavras, o dom invisível que é a presença do próprio Deus, faz-se visível. Portanto, os sacramentos não são gestos ou ritos mágicos, que repetimos como meros preceitos religiosos, mas dons que libertam, purificam, curam, fortificam e salvam pela fé, condição indispensável para quem os recebe.

Pelos sacramentos, Cristo partilha conosco nossa humanidade. Cristo é, portanto, o princípio de cada sacramento, mesmo que cada deles se manifeste de modo particular, uma vez que todos eles celebram o mesmo e único mistério.

Atividade

Em grupo.

Objetivo

Ajudar o catequizando a assimilar melhor o conteúdo dos sacramentos e não somente decorá-los.

Material

- Um quadro ou cartolina.
- Giz ou pincel atômico.
- Uma caixinha.
- Símbolos sobre os sacramentos.

Tempo

40 minutos.

Desenvolvimento

- Escrever no centro da cartolina ou do quadro a palavra Batismo e pedir que eles escrevam os nomes dos demais sacramentos, aproveitando a palavra-chave: *Batismo*. Modelo:

	B	ATISMO
EUC	**A**	RISTIA
MA	**T**	RIMÔNIO
RECONCIL	**I**	AÇÃO
CRI	**S**	MA
ORDE	**M**	
UNÇÃ	**O**	DOS ENFERMOS

- Arrumar uma mesa com os símbolos de cada sacramento.
- Colocar em uma caixinha os nomes dos sacramentos, formar um círculo com os catequizandos e ir passando a caixa de mão em mão, ao som de uma música. Quando a música parar, quem estiver com a caixa nas mãos tira um papel de dentro dela e vai à mesa pegar o símbolo que corresponde ao sacramento; depois, faz um pequeno comentário sobre o que entende a respeito de tal sacramento. E assim sucessivamente.

Conclusão

Assim, podemos dizer que o *Batismo* é a fonte de onde nascem todos os demais sacramentos. É através dele que dizemos "sim" ao projeto de Deus. Ser batizado é dar início à caminhada de seguimento a Jesus; é colocar os pés na estrada traçada por Jesus e assumir sua proposta de vida. E, ao sermos crismados, estamos *confirmando* nossa adesão ao projeto de Jesus, assumido no Batismo, dispondo-nos a segui-lo por convicção própria.

Jesus faz uma proposta de vida diferente daquela que a sociedade de seu tempo estava vivendo, ou seja, uma sociedade solidária, de partilha, de comunhão. E, na *Eucaristia*, ele mostra concretamente o que significa fazer comunhão, doar a vida pelos irmãos, ser pão partido e partilhado; é um convite a sair do individualismo para viver uma vida fraterna. Cristo passa a ser o centro da vida familiar (*matrimonial*). E, quando se vive em Cristo, vive-se também a *reconciliação*; é em Cristo que nos reconciliamos com Deus e com os irmãos.

Foi o próprio Jesus quem enviou os Apóstolos para batizarem, expulsarem os demônios, *curarem os enfermos*... em nome do Pai, do Filho e do Espírito Santo; e o padre, que recebeu o *sacramento da ordem*, em nome de Cristo, é chamado a ungir os doentes como sinal vivo da sua presença salvífica que veio restituir a vida. Portanto, o Batismo torna-se a fonte de todos os demais sacramentos, pois nele está a presença da Trindade Santa que tudo conduz e santifica.

17 DESPERTAR O SENSO DE "SER IGREJA"

Motivação

São Paulo usa a imagem do corpo para falar de unidade, diversidade e solidariedade, que são características fundamentais na comunidade cristã (cf. 1Cor 12,12-26).

A comunidade se torna um só corpo porque cada membro recebeu o mesmo Batismo e o mesmo Espírito. Contudo, as pessoas são diferentes entre si, mas cada uma deve contribuir para a construção e o crescimento de todos. Ninguém deveria se sentir inferior nem superior a quem quer que seja. É a solidariedade que deve fazer com que todos se preocupem com seu próximo e, sobretudo, com os mais necessitados.

Atividade

Em grupo.

Objetivo

- Mostrar a importância do trabalho conjunto para torná-lo melhor, mais harmonioso etc.

- Perceber como cada membro é fundamental para o bom desempenho de uma comunidade.

Material

- Papel ofício ou pequenas faixas de cartolina.
- Pincel atômico.

Tempo

60 minutos.

Desenvolvimento

- Dividir a turma em dois grupos.
- Distribuir entre seus integrantes os nomes de alguns membros do corpo humano (mãos, olhos etc.).
- Colocar um grupo diante do outro e cada integrante terá de procurar argumentos para dizer que o seu membro é mais importante do que o da pessoa a sua frente. E assim, um por um, vai dando seus argumentos, até que todos tenham se expressado (o grupo todo poderá ajudar na argumentação).

(Obs.: O fato de a forma argumentativa ter esse aspecto de "competição" é justamente para mostrar um pouco do que acontecia na comunidade de Corinto, e o que, muitas vezes, acontece em nossas comunidades, e precisa ser sanado. Por isso, ao ler o texto sugerido, os catequizandos irão perceber que não deve existir competição dentro de uma comunidade cristã, pois todos são importantes.)

- Calcular um tempo razoável para a discussão e, em seguida, ler o texto de 1Cor 12,12-26.
- Comentar o texto no sentido de que cada parte do corpo, até mesmo uma pequenina unha, faz falta e é importante por sua função específica. Da mesma forma, cada pessoa tem sua importância na comunidade e é chamada a fazer aquilo que é capaz a partir dos dons que Deus lhe concedeu.

18 QUEBRA-CABEÇA

Motivação

Quando São Paulo Apóstolo escreveu a Primeira Carta aos Coríntios, ele procurou ressaltar o valor e a importância de cada membro no corpo de Cristo, que é a Igreja (cf. 1Cor 12,12-26). Portanto, se faltar um membro, por menor que seja, o corpo não estará completo.

Cada pessoa recebe de Deus uma missão e é chamada a exercê-la para o bem comum.

Atividade

Em grupo.

Objetivo

- Perceber que ser Igreja é fazer comunhão, é estar todos unidos à pessoa de Jesus.
- Mostrar que se um deixa de fazer a sua parte, ficará faltando algo na Igreja, na comunidade.

Material

- Um cartaz com o rosto de Jesus ou outro à escolha.
- Uma cartolina.

Tempo

60 minutos.

Desenvolvimento

- Colar o cartaz em uma cartolina para ficar mais firme e para se fazer um quebra-cabeça. *(Se a dinâmica for com crismandos, fazer um painel com diversas realidades sociais, eclesiais, tornando o quebra-cabeça mais difícil.)*

- Deixar uma ou duas peças do quebra-cabeça escondidas, ou dar para duas pessoas e pedir que elas escondam consigo e não coloquem com as outras, até que seja dada a ordem.
- Ajudá-los a refletir sobre o papel de cada um no mundo, na Igreja, na sociedade, na família... E se alguém deixa de fazer sua parte, por menor que seja, sempre ficará faltando alguma coisa, pois todos fazemos parte do Corpo de Cristo.

19 DINÂMICA MUSICAL

Motivação

Todo cristão é chamado a conformar sua vida à vida de Jesus. E isso acontece à medida que a pessoa vai assumindo, como seus, os valores vividos e ensinados por Jesus Cristo.

Objetivo

Ajudar na concentração e na assimilação do conteúdo através da música.

Material

Um quadro ou um papel grande, ou PowerPoint, para escrever a letra da música, de forma que todos possam visualizar.

Desenvolvimento

- 1º Passo:
    a) Cantar a música com todos.
    b) Dividir o grupo em duas turmas.
    c) Uma turma canta a primeira linha.
    d) A outra turma canta a segunda linha (e assim sucessivamente).
- 2º Passo:
    a) A primeira turma canta a metade da primeira linha.

b) A segunda turma continua cantando em silêncio, só na mente. Em seguida, começa a cantar a segunda linha da música e vai até a metade. A primeira turma continua, e assim por diante.

c) Depois, as duas turmas podem cantar juntas a primeira linha, cantam em silêncio a segunda linha e voltam a cantar juntas, em voz alta, a terceira linha, e assim por diante.

Exemplo:

(Música: "Amar como Jesus amou" – CD: *Canções que canto e conto*, Pe. Zezinho, Paulinas-Comep.)

Amar como Jesus amou (1ª turma) amou (2ª turma)

Sonhar como Jesus sonhou (1ª turma) sonhou (2ª turma)

Pensar como Jesus pensou (1ª e 2ª turma)

Viver como Jesus viveu (1ª e 2ª turma, só de cabeça)

Sentir como Jesus sentia (1ª e 2ª turma, em voz alta)

Sorrir como Jesus sorria (1ª e 2ª turmas, só de cabeça)

E ao chegar ao fim do dia (todos juntos, em voz alta)

eu sei que dormiria muito mais feliz."

(Obs.: Pode-se aplicar esse método em qualquer outra música, usando de criatividade com o "coral".)

Dinâmicas com o uso de fábulas, parábolas e de livros paradidáticos

HISTÓRIA NA CATEQUESE

Quando falamos sobre o conteúdo da Bíblia, estamos nos referindo à realidade de um povo que, seguindo uma proposta apresentada por Deus, procura viver na fidelidade, pois ali contém o fundamento necessário para uma boa convivência em família e em sociedade.

Podemos perceber que nos Dez Mandamentos da Lei de Deus estão presentes os valores que serão retomados depois pelo próprio Jesus: o respeito, a fidelidade, a justiça e, acima de tudo, o amor a Deus e ao próximo. Por isso, quando falamos dos valores que ajudam a pessoa ser melhor, estamos pensando no conteúdo da Bíblia, uma vez que foi Jesus mesmo que veio nos dizer que Deus quer que vivamos como pessoa, filho e filha, cada um respeitando o outro e amando-o como irmão e irmã. "Eu vim para que todos tenham vida e vida em abundância" (cf. Jo 10,10). Assim, *podemos aproveitar alguns livros de histórias paradidáticas, colocar uma fundamentação bíblica e trabalhá-las na catequese como um recurso eficaz*, levando em conta que, normalmente, as crianças gostam de ouvir histórias e de interpretá-las. Contudo, é importante fazer com que esses momentos sejam, de fato, agradáveis, a fim de que a criança sinta gosto pela leitura e prazer em escutar as narrativas. Dessa forma, quando os textos bíblicos forem trabalhados em paralelo com as histórias, elas perceberão que o conteúdo da Bíblia não está tão distante do concreto de suas vidas, ou seja, os valores que o povo de Deus foi chamado a viver, continuam os mesmos que hoje, nós, povo de Deus, também somos chamados a viver.

Objetivo

- Aproveitar os valores contidos nas histórias.
- Aproveitar-se de livros que as crianças usam na escola.

Desenvolvimento

- Para trabalhar a história você poderá partir das seguintes questões: Quais os valores apresentados na história? Qual ou quais textos bíblicos podem fundamentar tais valores?
- Encontrar uma forma criativa para apresentar a história e uma atividade para ser feita pelos catequizandos.

O USO DAS FÁBULAS E PARÁBOLAS

Através das fábulas e parábolas, pode-se dinamizar muitos conteúdos da catequese sem, com isso, perder a seriedade.

É importante lembrarmos que a Bíblia narra os fatos da vida do povo com Deus e de Deus com o seu povo. Portanto, existem muitas histórias que podem ilustrar os fatos da vida fazendo paralelo com os que o povo da Bíblia também viveu. Mesmo porque, em se tratando de catequese, não devemos pensar que o conteúdo a ser transmitido e partilhado seja somente as doutrinas da Igreja. Mas também os valores humanos que ajudam as pessoas a serem imagem e semelhança de Deus. Desse modo, gostar de si, amar e valorizar o próximo, a natureza, ser solidário etc.

Por isso, o catequista poderá aproveitar de muitos dos livros que os próprios catequizando possuem e que, muitas vezes, trazem elementos ótimos para serem trabalhados dentro do contexto da catequese.

É importante, porém, estar atento para diferenciar de uma sala de aula escolar.

Seguem duas parábolas como exemplo, para ilustrar.

1 PARÁBOLA: AMOR-PERFEITO

(Do livro Abrindo caminhos: parábolas e reflexões, *de D. Itamar Vian e Fr. Aldo Colombo. São Paulo, Paulinas, 2003.)*

Conta-se que um rei, certa manhã, foi ao seu jardim e encontrou as plantas murchando e morrendo. Perguntou ao cavalheiro que ficava ao lado do portão o que significava aquilo. Descobriu que a árvore estava cansada de viver, porque não era alta e elegante como o pinheiro. O pinheiro, por sua vez, estava desconsolado porque não podia produzir uvas, como a videira. A videira ia desistir da vida porque não podia ficar ereta nem produzir frutos delicados como o pessegueiro. O gerânio estava agastado porque não era alto e fragrante como o lírio. E o mesmo acontecia com todo o jardim. Chegando-se ao amor-perfeito, encontrou sua corola brilhante e erguida alegremente, como sempre.

– Muito bem, meu amor-perfeito, alegro-me de encontrar, no meio de tanto desânimo, uma florzinha corajosa. Você não parece nem um pouco desanimada.

– Não, não estou. Eu não sou de muita importância, mas achei que, se no meu lugar, o senhor quisesse um carvalho, um pinheiro, um pessegueiro ou um lírio, teria plantado um deles; mas, sabendo que o senhor queria um amor-perfeito, estou resolvida a ser o melhor amor-perfeito que posso.

Senhor, eu quero estar onde me queres
Ser fiel
E dar frutos para Deus
Onde tu me puseres.

Reflexão

Deus, ao criar o ser humano, deu a cada um dons diferentes para que fossem colocados a serviço. Não importa a quantidade dos dons de alguém, mas sim o amor com que os desenvolve e os faz frutificar.

A realização de toda pessoa depende de como ela valoriza a si mesma e aquilo que faz parte de seu ser, e não do querer ser igual ao outro e/ou ter o que o outro tem. Por isso, é importante ajudar os catequizandos a valorizarem-se, a descobrirem seus dons, seu potencial e, sobretudo, o amor incondicional que Deus tem para com cada uma de suas criaturas, dando--lhes gratuitamente diferentes dons.

Texto

- 1Cor 12 – Um só corpo, muitos membros e cada um com uma função específica, que deve ser colocado a serviço para o bem comum.
- 1 Cor 13 – Deus deu dons e uma missão diferente para cada pessoa. Porém, se não for realizada com amor e por amor, não tem nenhum valor.

Mensagens da parábola

- Descobrir que cada pessoa tem dons diferentes.
- Valorizar-se a partir do que se é e tem.
- Ter estima.
- Ter a capacidade de perceber no outro seus dons e valorizá-los.
- Deus fez cada pessoa única, preciosa e rica de dons.
- Muitas vezes, a confiança, o respeito e a admiração que manifestamos aos outros faz com que superem a imagem negativa que têm de si próprios.

Variante

Com esta parábola, pode-se também aplicar a dinâmica: "Perfil de Jesus de Nazaré", da página 30 deste livro.

2 FÁBULA: SOPA DE PEDRA

(Autoria: tradição oral indiana. Existem versões diferentes.)

Um estrangeiro, que se dirigia a uma pequena vila, parou diante de uma pobre cabana e pediu à senhora que estava sentada à porta qualquer coisa para comer.

– Sinto muito, senhor, mas não tenho nada.

– Não se preocupe – disse o estrangeiro. – Eu tenho na sacola uma pedra para sopa. Se você deixar que eu coloque numa panela de água fervendo, eu preparo a mais deliciosa sopa do mundo. Preciso apenas de uma panela grande, por favor.

A senhora estava curiosa. Deu-lhe a panela e foi confiar o segredo da pedra para sopa a uma vizinha.

Quando a água começou a ferver, estavam ali todos os vizinhos para ver o estrangeiro e a sua pedra.

Ele colocou a pedra na água e, depois, disse com simplicidade:

– Que delícia! Falta só um pouco de batata.

– Eu tenho batatas na cozinha – disse uma vizinha.

Poucos minutos depois estava de volta com uma grande quantidade de batatas cortadas em pedaços, que foram colocados na panela.

O estrangeiro experimentou novamente:

– Excelente... Se houvesse um pouco de carne e um pouco de verdura, teria um sabor refinado.

Outra mulher correu até sua casa para pegar um pouco de carne e outra foi buscar cebolas.

Depois de colocar tudo na panela, o estrangeiro experimentou o caldo e disse:

– Falta um pouco de sal.

– Ei-lo – disse a dona da casa.

- Tigelas para todos! – falou o estrangeiro.

As pessoas correram para pegar pratos e tigelas, e alguns trouxeram também frutas e mandioca. Todos se sentaram em torno do estrangeiro, que distribuía a sopa em abundância.

Todos sentiram uma estranha felicidade: riam, falavam, comiam juntos.

O estrangeiro, depois de permanecer um pouco com eles, desapareceu silenciosamente, em meio à alegria geral.

Deixou, porém, a pedra milagrosa para que pudessem usá-la todas as vezes que quisessem preparar a melhor sopa do mundo.

Texto

- Jo 6,1-15 – A partilha dos pães.
- Mt 5,13 – Sal da terra.

Objetivo

Trabalhar a dimensão da partilha.

Reflexão

Jesus propõe a missão da sua comunidade: ser sinal do amor generoso de Deus, assegurando para todos a possibilidade de subsistência e dignidade. A segurança da subsistência não está no muito que poucos possuem e retêm para si, mas no pouco de cada um que é repartido entre todos. A garantia de dignidade não se encontra no poder de um líder que manda, mas no serviço de cada um que organiza a comunidade para o bem de todos (*Comentário, Bíblia Pastoral*, p. 1361).

O estrangeiro deixou a pedra para que a comunidade pudesse se lembrar da experiência.

Nós temos Jesus Eucarístico, ao redor do qual devemos nos unir e partilharmos o que temos e o que somos (um quilo de amor, de carinho, de amizade, de perdão, de misericórdia, de solidariedade...).

Estes dons todos temos e devemos ser capazes de partilhá-los para o bem comum e alegria de toda a comunidade que é chamada a testemunhar o Reino de Deus.

A Celebração Eucarística é o lugar privilegiado do encontro da comunidade. É o momento de colocar em comum a realidade de cada pessoa e, na escuta da Palavra, encontrar pistas de ação (como o estrangeiro com a sopa de pedra), para que a comunidade possa caminhar e se alegrar.

Desenvolvimento

- Algumas questões podem ser levantadas aos catequizandos:
    a) Com qual personagem você se identifica? Por quê?
    b) O que você acha mais difícil em se tratando de partilha?
    c) Como você vê a dimensão da partilha em sua família, escola, comunidade e na sociedade?
- Elaborar outras que julgar interessante.

3 LIVRO PARADIDÁTICO: DESCOBERTA DA JOANINHA

(Adaptação da história A descoberta da Joaninha, *de Bellah Leite Cordeiro. São Paulo: Paulinas, 2002.)*

Numa pequena vila, chamada "Recanto da Alegria", morava a dona Maricota. Um dia, ela resolveu dar uma grande festa em sua casa e convidou suas amigas.

Dona Joaninha, que era muito vaidosa e gostava de se enfeitar, comprou um laço de cabelo, um lenço de seda para amarrar na cintura, uma bonita pulseira e um par de brincos de ouro. Toda enfeitada, dona Joaninha saiu para ir à festa.

No caminho, passou na casa de dona Carlota, que estava triste porque não podia ir à festa, pois não tinha com que se enfeitar. Dona Joaninha, toda generosa, deu-lhe o laço de cabelo. Quando estavam indo para a festa, encontraram dona Marieta e dona Bentinha, conversando sobre suas dificuldades para irem à festa. Dona Joaninha, sem pensar duas vezes, logo foi oferecendo a elas a pulseira e o lenço de seda para que elas pudessem ir à festa de dona Maricota. E todas, muito felizes, seguiram para festa.

No caminho, perceberam que não tinham comprado nada para presentear a dona da festa. Então, dona Joaninha disse: "Não se preocupem, vou dar os meus brincos, acho que ficarão lindos em dona Maricota". E assim o fez.

Dona Maricota ficou muito feliz com a presença das amigas e todas se divertiram até a festa acabar.

E dona Joaninha descobriu que as amigas eram mais importantes do que os enfeites que ela tinha comprado.

Objetivo

- Trabalhar valores que Jesus propõe para que aconteça o Reino (amizade, partilha, despojamento, alegria etc.).
- Perceber o que é realmente importante na vida para ser feliz.

Textos

- A multiplicação dos pães (partilha) – Jo 6,5-13.
- O bom samaritano (ajuda) – Lc 10,30-37.
- O mandamento de Jesus (amizade, dar a vida pelos amigos) – Jo 15,12-14.
- "O que fizerem a meus irmãos é a mim que fazeis" (ajudar o próximo) – Mt 25,34-36.

Material

- Livro de história infantojuvenil.
- Cópias das atividades para cada um.

Tempo

60 minutos.

Desenvolvimento

- Ler a história (ou encená-la).
- Recapitular a história com os catequizandos.
- Fazer um levantamento dos valores que aparecem na história.
- Distribuir os textos bíblicos para que eles leiam e descubram os valores apresentados por Jesus, comparando-os com os da história.
- Perguntar como eles vivem esses valores no dia a dia.
- Cantar uma música que fale de amizade, partilha etc.

Variante

- Sugerir para cada catequizando um dos valores apresentados na história e pedir que escrevam uma mensagem para um colega da sala usando tal valor.
- Fazer a brincadeira de acrescentar objetos. Começa com uma pessoa dizendo: "Dona Joaninha foi à festa de dona Maricota e levou um par de brincos". A pessoa seguinte continua a história dizendo: "Dona Joaninha foi à festa de dona Maricota e levou um par de brincos e uma saia". E assim por diante, ou seja, cada pessoa vai repetindo o que as anteriores disseram e acrescenta mais alguma coisa.
- As *Palavras cruzadas 1 e 2* e as *Questões para aprofundar* podem ser utilizadas depois da dinâmica, para reforçar o tema e trabalhar os valores.

Palavra cruzada 1

Complete o quadro abaixo usando nomes de produtos básicos de nossa alimentação (pão, alho, arroz, leite, feijão, farinha, macarrão, óleo,).

(Obs: Os catequizandos poderão colocar outros produtos, desde que caibam nos quadrinhos.)

```
      P
      A
    _ R _ _
  _ _ T
      I _ _
      L
    _ H
  _ _ A _ _
```

(Sugestão: Dependendo da turma, pode-se fazer uma cesta básica com os produtos que constam na palavra cruzada e, juntos, levar a uma família que precise.)

Questões para aprofundar

1. Você acha difícil partilhar o que se tem?

_____
_____
_____

2. O que você acha que deveria ser feito no mundo para que houvesse mais partilha?

_____
_____
_____

Palavra cruzada 2

Complete o quadro abaixo com palavras que indiquem atitudes que podemos tomar para ajudar uma pessoa a ser feliz (perdoar, partilhar, compreender, gostar, sorrir, amar, respeitar).

				A						
				L						
				E						
				G						
				R						
				I						
				A						

Questão para aprofundar

Escolha uma das palavras que você colocou na palavra cruzada e escreva uma mensagem para um colega de sua sala. Não se esqueça de assinar seu nome ao final.

_____
_____
_____
_____
_____
_____
_____
_____
_____
_____

Músicas

As músicas podem ser ouvidas em Paulinas-Comep, no aplicativo de música de sua preferência.

A CASA NA ROCHA

(Autoria: Frei Fabreti, ofm. CD: *A voz dos pequeninos*. Paulinas-Comep)

Plim, plim, plim...
As gotinhas da chuva plim, plim...
Vem molhando as casinhas:
Plim, plim, plim...
Vão levando a areia: plim, plim...
Mas deixando as pedrinhas
Plim, plim...

Era uma vez, em cima de uma rocha
Um homem construiu uma casa pra morar
E veio a chuva com o vento forte
E a casa firme não veio a desabar

Era uma vez, num monte de areia
Um homem trabalhou
E uma casa construiu
Mas veio a chuva e o vento forte
E a casa fraca, sem base caiu

A rocha forte é a palavra de Jesus
Onde uma casa nós vamos construir
E esta casa é o nosso coração
Pode vir o vento e a chuva
Que ela não irá cair no chão

O BOM SAMARITANO

(Autoria: Maria Sardenberg. CD: *Sementinha*. Paulinas-Comep)

Na estrada um pobre homem
Foi assaltado, roubado, ferido

Alguém vem vindo pela estrada,
Ploque, ploque, ploque, ploque, ploque, ploque
Para, olha, vê
E continua seu caminho

Mais alguém vem vindo pela estrada
Ploque, ploque, ploque, ploque, ploque, ploque
Para, olha, vê
Fica com pena sacode a cabeça
E continua seu caminho

Mais alguém vem vindo pela estrada
Ploque, ploque, ploque, ploque, ploque, ploque
Para, olha, vê
Corre pra junto do desconhecido
E o ajuda como se fosse um irmão

Três homens passaram pela estrada:
Só um deles tinha amor no coração

AMAR COMO JESUS AMOU

(Autoria: Pe. Zezinho, scj. CD: *Histórias que eu conto e canto*. Paulinas-Comep)

Um dia uma criança me parou
Olhou-me nos meus olhos a sorrir
Caneta e papel na sua mão
Tarefa escolar para cumprir
E perguntou no meio de um sorriso
O que é preciso para ser feliz?

Amar como Jesus amou
Sonhar como Jesus sonhou
Pensar como Jesus pensou
Viver como Jesus viveu
Sentir o que Jesus sentia
Sorrir como Jesus sorria
E ao chegar ao fim do dia
Eu sei que dormiria muito mais feliz

Ouvindo o que eu falei ela me olhou
E disse que era lindo o que eu falei
Pediu que eu repetisse, por favor
Que não falasse tudo de uma vez
E perguntou de novo num sorriso
O que é preciso para ser feliz?

Depois que eu terminei de repetir
Seus olhos não saíram do papel
Toquei no seu rostinho e a sorrir
Pedi que ao transmitir fosse fiel
E ela deu-me um beijo demorado
E ao meu lado foi dizendo assim

Amar como Jesus amou...

A PESCA MILAGROSA

(Autoria: Maria Sardenberg. CD: *Sementinha*. Paulinas-Comep)

Pedro lançou a rede no mar
Junto com seus companheiros.
Quando puxaram a rede do mar
A rede estava vazia!

Foi outra vez a rede no mar,
Os pescadores aflitos,
Quando puxaram a rede do mar
A rede estava vazia!

Mais uma vez a rede no mar
Os pescadores cansados!
Quando puxaram a rede do mar
A rede estava vazia!

Lança outra vez a rede no mar,
Falou Jesus a Pedro.
À estranha ordem obedeceu
Porque confiava em Jesus.

E quando puxaram a rede do mar,
Que coisa maravilhosa!
Ela veio cheinha de peixes do mar!
Foi a pesca milagrosa!

O SENHOR É MEU PASTOR

(Autoria: Maria Sardenberg. CD: *Sementinha*. Paulinas-Comep)

Este mundo é tão grande
E eu sou tão pequenino
Sou uma ovelhinha
que caminha sem destino
Procurando água para beber
O capim para comer

Um lugar para descansar
Ao abrigo da chuva
Ao abrigo do vento
Ao abrigo do frio
Ao abrigo do calor

Que seria de mim sem o meu pastor?
Que seria, que seria de mim sem meu pastor?

O Senhor é meu pastor
Ele vai me levando
O Senhor é meu pastor
Ele vai me guiando
Com amor, com amor
O Senhor é meu pastor

OBRIGADO

(Autoria: José Carlos Sala. CD: *Sementinha*. Paulinas-Comep)

Obrigado! Obrigado de coração!
Que Deus te abençoe
Te conduza pela mão!

Meu amigo, meu irmão!
Teu semblante me inspira uma canção
Teu olhar revela os sonhos
Teu sorriso vem de Deus, é oração

Meu amigo, meu irmão
Tudo aquilo que na vida acontecer
Mesmo quando eu fracassar
Sentirei a tua força pra vencer

ORAÇÃO DE SÃO FRANCISCO

(Autoria: Pe. Irala, sj. Paulinas-Comep)

Senhor, fazei-me instrumento de vossa paz
Onde houver ódio, que eu leve o amor
Onde houver ofensa, que eu leve o perdão
Onde houver discórdia, que eu leva a união
Onde houver dúvida, que eu leve a fé
Onde houver erro, que eu leve a verdade
Onde houver desespero, que eu leve a esperança
Onde houver tristeza, que eu leve a alegria
Onde houver trevas, que eu leve a luz

Ó Mestre, fazei que eu procure mais
Consolar, que ser consolado
Compreender, que ser compreendido
Amar, que ser amado
Pois é dando que se recebe
É perdoando que se é perdoado
E é morrendo que se vive
Para a vida eterna

SALMO 23

(Autoria: Fr. Fabreti, ofm. CD: *Os salmos das crianças*. Paulinas-Comep)

O Senhor é meu pastor
Meu pastor, meu pastor!
Nada vai me faltar, nada vai me faltar!

Pelos campos bem verdinhos
Vou com ele descansar
Junto à fonte de água limpa
Ele vai me saciar!

Se eu caminho no perigo
Me protege com sua mão
Me conduz devagarinho
Com amor no coração

Numa mesa bem bonita
Meu copinho enche de vinho
Bem à frente do inimigo
Me abraça com carinho!

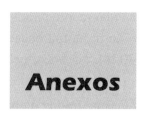

Anexos

1 LEITURA ORANTE DA BÍBLIA

(Baseado na coleção "Tua Palavra é Vida", da Confederação dos Religiosos do Brasil – CRB. São Paulo, Loyola, 1990. v. 1.)

O que é?

A Leitura Orante da Bíblia é um método de leitura bíblica a partir dos pobres, retomando a prática da mais antiga Tradição da Igreja.

- É uma maneira de ler a Bíblia a partir da *realidade*.
- É uma leitura feita em *comunidade*. É uma atividade comunitária.
- É uma leitura *obediente ao texto* para escutar o que Deus tem a dizer.

Critérios

Para fazer a leitura do texto bíblico são necessários três critérios que se articulam entre si com o mesmo objetivo: *escutar Deus hoje*.

- Comunidade.
- Realidade.
- Texto.

Na sua origem, era a leitura que os cristãos faziam da Bíblia para alimentar sua fé, esperança e animar a caminhada.

A expressão *lectio divina = leitura divina = leitura orante* vem de Orígenes. Ele diz que, para ler a Bíblia com proveito, é necessário um esforço de atenção.

Pela Leitura Orante da Palavra, procuramos atingir o que diz a Bíblia: "A palavra está muito perto de ti: na tua boca e no teu coração, para que a ponhas em prática" (Dt 30,14). Na boca, pela leitura; no coração, pela meditação e pela oração; na prática, pela contemplação.

O objetivo da Leitura Orante traduz o objetivo da própria Bíblia:

- "Comunicar a sabedoria que leva à salvação pela fé em Jesus Cristo" (2Tm 3,15).
- "Instruir, refutar, corrigi, formar na justiça e, assim, qualificar o homem de Deus para toda boa obra" (2Tm 3,16-17).
- "Proporcionar perseverança, consolo e esperança" (Rm 15,4).
- "Ajudar-nos a aprender com os erros dos antepassados" (1Cor 10,6-10).

Princípios fundamentais

1. *A unidade da Escritura.* Cada livro, cada frase, tem o seu lugar e sua função: juntos formam o desenho do projeto de Deus.
2. *A atualidade ou encarnação da Palavra.* Não podemos ler a Bíblia e esquecer a vida. Vamos olhar a vida à luz da Palavra de Deus.
3. *A fé em Jesus Cristo, vivo na comunidade.* Jesus é a chave principal da leitura. A fé nos ajuda a entender melhor a Bíblia e a Bíblia ajuda a entender melhor a pessoa de Jesus Cristo para a vida.

Quatro passos da Leitura Orante

Introdução

- *Invocar as luzes do Espírito Santo.* A leitura da Palavra de Deus não é possível sem a orientação do Espírito Santo. Por isso, invocamos sua ajuda, antes de começar a leitura.
- Rezar alguma oração.

Primeiro passo – leitura

O que diz o texto?

Busca-se ler e reler a Palavra, procurando conhecer, respeitar e situar o texto dentro da Bíblia. É o momento de olhar para o interior do texto, buscando descobrir o que diz em si mesmo.

- Ler e reler o texto, escutá-lo, porque é alguém que fala.
- Prestar atenção a cada palavra, às ideias centrais, às imagens...
- Tentar entender/olhar o texto no contexto em que foi escrito.

Segundo passo – meditação

O que diz o texto para mim, para nós?

Busca-se refletir, dialogar e atualizar a Palavra de Deus. Quer dizer, após ter recebido o que ela comunica, vamos descobrir o que ela diz para nós hoje. Neste passo, tentamos questionar o nosso modo de ser cristãos, tendo como luz, como ponto de referência, aquele trecho da Palavra.

- Repetir o texto com a boca, a mente e o coração.
- Não engolir logo o texto e, sim, mastigar, ruminar, tirando dele todo o seu sabor.
- Penetrar dentro do sentido do texto, interiorizá-lo, interpretá-lo a partir da nossa realidade.
- Lembrar de outros textos paralelos.
- Perceber como o texto expressa nossas próprias experiências, sentimentos, pensamentos, ou fazer nossas as experiências, sentimentos, pensamentos que são expressos no texto.
- Trata-se de atualizar o texto: perceber como ele acontece hoje, em nossa realidade pessoal, comunitária, social. Isto é, descobrir a mensagem do texto para nós hoje.

Terceiro passo – oração

O que o texto me faz dizer a Deus?

Busca-se suplicar, agradecer e assumir tudo aquilo que descobrimos na leitura e meditação.

Deixar brotar de dentro do coração tocado pela Palavra uma resposta ao Senhor.

- A oração brota da leitura e da escuta da Palavra. Pode ser feita espontaneamente ou uma oração já existente.

Quarto passo – contemplação

O que levo para a vida?

Vai-se crescendo na contemplação à medida que são feitos os outros passos.

- Permite ver a realidade com olhos novos, isto é, descobrir na realidade a presença ativa de Deus. É como derramar um colírio nos olhos para enxergar melhor a vida.
- Faz descobrir o sentido das coisas, dos fatos.
- É ponto de chegada, mas também ponto de partida.
- É como subir uma escada para poder contemplar melhor a mesma paisagem. Do primeiro degrau se pode vê, mas pouco; quer-se, então, subir mais para ter uma visão mais ampla, mais bonita; quanto mais se sobe, mais se quer chegar ao último degrau, porque de lá a visão é completa.

(Sugestão: Fazer um painel grande, de tecido ou papel, com os passos da Leitura Orante e colocá-lo no local onde acontecerá a oração.)

2 SUGESTÕES DE RETIROS PARA A PRIMEIRA EUCARISTIA

(Numa manhã ou tarde.)

Tema

"Pão repartido"

Ambiente

Preparar uma mesa com:
- Pão grande e bem bonito.
- Uvas.
- Suco de uva.

Dinâmica inicial

1. Ler o texto bíblico sobre a instituição da Eucaristia (1Cor 11, 23-26).
2. Explicar o sentido do texto (a Páscoa judaica celebrada todos os anos).

Sugestão:

A palavra Páscoa significa passagem, libertação. Por isso, falar de Páscoa judaica é lembrar a libertação do povo hebreu que viveu por quatrocentos anos em regime de escravidão no Egito.

Conforme narra o livro do Êxodo 3,7-8, "Deus viu a miséria do seu povo, ouviu seu clamor, por isso, desceu para libertá-lo e conduzi-lo a uma terra boa".

Para libertá-lo, enviou Moisés que, por quarenta anos, conduziu o povo pelo deserto, rumo à terra prometida, a terra de Canaã.

Antes de partirem da terra do Egito, o povo fez um ritual; uma celebração, marcando a passagem de Deus na vida de seu povo, naquele momento histórico. Então, mataram um cordeiro, assaram, reuniram as famílias e comeram com ervas amargas o pão ázimo (pão sem fermento), que simboliza a pressa que eles tinham para fugir do Egito e, portanto, não dava tempo de esperar o fermento crescer.

Essa experiência de libertação, de passagem de Deus libertador na vida daquele povo, marcou sua história de tal forma que todos os anos o povo judeu se reunia e se reúne para celebrar, para fazer memória daquele grande acontecimento, em que os mais velhos contavam aos mais novos todo aquele feito do Senhor, esperando sempre a vinda do Messias que viria libertá-los para sempre.

Para nós, cristãos, a Páscoa adquiriu um novo significado, um novo sentido a partir da ressurreição de Jesus Cristo. Ele é o novo Cordeiro que se imolou por todos nós. A sua passagem (e, com ele, a de todos nós) da morte para a ressurreição, das trevas para a luz, da escravidão do pecado para a graça da libertação, é a certeza que deve nos acompanhar.

3. Falar sobre o sentido da comunhão como uma grande ceia, na qual somos chamados a partilhar do que temos e do que somos.

Motivação

Quando nos sentamos à mesa para tomarmos nossa refeição diária, é para que possamos nos manter vivos, com saúde e força para desempenhar nosso trabalho.

Assim também, quando nos reunimos para o grande Banquete Eucarístico, essa grande refeição oferecida por Jesus, é para nos mantermos firmes na fé e termos força e saúde espiritual para enfrentarmos todas as adversidades de nossa vida.

Quando comemos a nossa refeição diária, recebemos em nosso organismo as proteínas e vitaminas necessárias para nosso corpo e nossa mente terem boa saúde. Porém, se faltar algum tipo de vitamina, nosso organismo reage e fica doente.

Da mesma forma acontece quando recebemos Jesus na Eucaristia; estamos recebendo dentro de nós tudo o que Jesus é: seu jeito de ser, de amar, de doar-se, de perdoar etc.

Portanto, se em nossa vida nos empenharmos em realizar o nosso trabalho, nossos estudos, algum lazer, esporte etc., mas faltar a parte espiritual (a oração, a meditação, a Palavra de Deus e a Eucaristia), não existirá uma das "vitaminas" essenciais para que possa ser plena, para que possa ser uma vida feliz e realizada.

Podemos dizer que: a Palavra de Deus e Jesus eucarístico são as "vitaminas" mais preciosas que todos os cristãos necessitam para ter uma vida espiritual sadia, bem alimentada, firme e perseverante.

Partilha

Partilhar o pão, as uvas e o suco.

Sugestão:

Durante a partilha, colocar uma música que fale sobre partilha ou Eucaristia.

Momento de reflexão pessoal

Distribuir para cada um algumas perguntas a partir do que foi refletido e deixar uns minutos para reflexão pessoal.

Perguntas (sugestão)

1. Para você, o que significa partilhar e o que acha mais difícil repartir com seus irmãos ou amigos?
2. Quando você está comendo alguma coisa e chega uma pessoa perto, é capaz de oferecer-lhe e repartir o que tem?
3. Faça uma oração, por escrito, dizendo a Jesus em que você gostaria que ele o ajudasse a se parecer mais com ele.

Momento de músicas

Escolher as que o grupo conhece.

Partilha da reflexão

- Partilhar as respostas 1 e 2.

- Ler a história "Descoberta da Joaninha" (p. 91 deste livro) e fazer as palavras cruzadas.
- Finalizar a partilha com as preces que cada um escreveu.

3 RETIRO PARA CRISMANDOS

(Numa manhã ou tarde.)

Tema

"Deixar-se formar por Cristo" (Gl 4,29).

Reflexão

Dizer "sim" ao projeto de Deus é assumir o caminho de discipulado. Colocar os pés nas pegadas de Jesus e deixar-se conduzir por ele. Assumir os mesmos princípios de vida, os mesmos valores, deixar que, passo a passo, Jesus vá tomando conta de seu ser, até o: "Não sou eu que vivo, é Cristo que vive em mim". Ou seja, fazer o mesmo itinerário de vida que fez São Paulo Apóstolo, que, uma vez encontrado por Jesus, deixou-se conduzir e transformar-se plenamente por ele.

O caminho de discipulado é um processo que dura a vida toda. Jesus vai se revelando à medida que o vamos seguindo e nos abrindo à escuta de sua palavra. É preciso colocar nossos ouvidos no coração de Jesus, como discípulos sedentos em aprender a sabedoria que vem do Mestre. E somente é possível conhecer Jesus quando o escutamos com o coração.

Quando somos capazes de escutar o coração de Jesus, vamos perceber ali misericórdia, compaixão, ternura, amor incondicional. Um coração capaz de perdoar infinitamente; um coração que acolhe indistintamente, que não faz distinção entre as pessoas.

Dinâmica da cruz

Fazer a cruz de dobradura ou desenhá-la.

Momento de oração pessoal

Textos bíblicos

- Mc 6,6-13.
- Mc 10,17-31.
- Mt 5,1-12.
- Mt 5,13-16.

Momento de músicas

Escolher músicas conhecidas pelo grupo e que estejam de acordo com o tema abordado.

Partilha

- Partilhar em pequenos grupos.
- Apresentar, de forma criativa, a síntese do grupo: música, teatro, dança, desenho etc.).
- Avaliação do retiro.

Oração final

Pode-se ler a *Mensagem aos jovens*, de Pe. Tiago Alberione:

A juventude é o amanhã da vida.
Não é um capítulo separado
Do restante da existência,
Nem é o prefácio de um livro.
É a premissa de tudo.
É a semente de onde brota tudo.
É o alicerce sobre o qual deve apoiar-se
O grande edifício da vida.
São vocês mesmos, jovens,
Que estão preparando suas vidas
Para o amanhã.
Se à meia-noite vocês olharem o nascente,

Porque de lá virá a luz,
Vocês olharão por muito tempo,
E poderão até pensar que é inútil.
Mas se continuarem insistindo
E olharem uma segunda, uma terceira vez,
Vocês irão divisar
Um raio de luz na alvorada.
E todo o panorama circundante se iluminará.
Duas coisas foram necessárias:
A perseverança em olhar
E a existência da luz.
Para todas as grandes coisas
Exigem-se lutas penosas
E um alto preço.
A única derrota da vida
É a fuga diante das dificuldades.
O homem que morre lutando é um vencedor.

* * *

Se o retiro for o dia todo, pode-se assistir a um filme.

Sugestões:

- *Além das ilusões* – Paulinas/Multimídia.
- *Damião, o santo de Molokai. Paul Cox* – Paulinas/Multimídia. *(Obs.: Trabalhar o conteúdo do filme de forma criativa.)*

Variante

Pode-se utilizar de parábolas de sabedoria para enriquecer o retiro.

Exemplo:

Parábola: O jovem e as estrelas do mar (autor desconhecido).

> Numa praia tranquila, junto a uma colônia de pescadores, morava um escritor.
>
> Todas as manhãs ele ficava passeando pela praia, olhando as ondas. Assim ele se inspirava e, de tarde, ficava em casa escrevendo.
>
> Um dia, caminhando pela areia, ele viu um vulto que parecia dançar. Chegou mais perto e viu que era um jovem, pegando na areia estrelas-do-mar, uma a uma, e jogando-as de volta ao oceano.
>
> – E aí? – disse-lhe o jovem num sorriso, sem parar o que fazia.
>
> – Por que você está fazendo isso? – perguntou o escritor, curioso.
>
> – Não vê que a maré baixou e o sol está brilhando forte? Se essas estrelas ficarem aqui na areia, vão secar no sol e morrer!
>
> O escritor até que achou bonita a intenção do garoto, mas deu um sorriso cético e comentou:
>
> – Só que existem milhares de quilômetros de praia por esse mundo afora, meu caro. Centenas de milhares de estrelas-do-mar devem estar espalhadas por todas essas praias, trazidas pelas ondas. Você aqui, jogando umas poucas de volta ao oceano, que diferença faz?
>
> O jovem olhou para o escritor, pegou mais uma estrela na areia, jogou na água do mar, voltou a olhar para ele e disse:
>
> – Pra esta eu fiz diferença.
>
> No dia seguinte, de manhãzinha, o escritor foi para a praia. O jovem pegava as primeiras ondas do dia. Juntos, com o sol ainda manso, começaram a jogar estrelas-do-mar de volta ao oceano.

Para refletir

- A atitude daquele jovem representa alguma coisa especial que existe em nós. Todos fomos dotados da capacidade de fazer a diferença. Cada um de nós pode moldar o próprio futuro.
- Visão sem ação não passa de um sonho.
- Ação sem visão é só passatempo.
- Visão com ação pode mudar o mundo.

4 RETIRO PARA CATEQUISTAS

Tema

"Um dia nas mãos do Oleiro" (Deus).

Dinâmica para a oração inicial

Texto

Jr 18,1-6.

Material

- Massa de modelar ou argila.
- CD instrumental.

Motivação

O catequista é chamado a ser como o barro nas mãos do artista. Deve deixar que Deus trabalhe em todo seu ser, modelando-o de acordo com seu projeto de amor.

Aos poucos Deus vai transformando seu coração, sua mente, sua vontade, até que tudo seja à imagem de seu Filho Jesus.

Orientação para a dinâmica

(Conduzir de uma forma bem tranquila.)

Nesse primeiro momento, sinta-se como esse barro, sinta Deus trabalhando em você com muito amor; modelando cada parte de seu corpo.

Ele pensou em você com muito carinho e amor e, ao lhe criar, sonhou para você um projeto de vida, uma missão. E para que pudesse realizar essa missão, ele lhe cumulou de dons e bênçãos. Por isso, quer que você descubra, em seu íntimo, quais são esses dons, essas qualidades, a fim de que possa concretizar sua missão.

Feche os olhos, por um momento, e busque bem no fundo de você mesmo o que de mais bonito existe. Você verá que são tantas coisas belas.

Escolha uma dessas coisas bonitas que você encontrou e agradeça a Deus por esse presente que ele lhe concedeu. *(Pausa.)*

Agora, abra os olhos, deixe-se envolver pela música e modele nesse barro sua própria imagem, deixando que Deus conduza sua experiência. Na verdade, é ele quem vai modelar, utilizando-se de suas mãos, pois é essa mesma experiência que você é chamado a fazer na catequese. Deus quer servir-se de suas mãos para modelar, na fé, cada catequizando.

Momento de partilha

- Ler uma parte do Salmo 138 ou cantá-lo.
- Finalizar lendo o texto do "oleiro" (Jr 18,1-6); essa leitura pode ser acompanhada de uma música que fale sobre o oleiro.
- Distribuir algumas citações bíblicas para a oração pessoal.

Sugestões:

Mt 5,1-9 – "Bem-aventuranças".
Sl 138 – "Deus revela quem somos".
Sl 103 – "Deus é amor".
Is 49,14-16 – "Eu tatuei você na palma da minha mão".
Jr 18,1-6 – "Deus modela o ser humano".

"Quando existe boa vontade, somos bem aceitos com os recursos que temos; pouco importa o que não temos" (1Cor 8,12).

Questões para refletir e rezar

(Deixar um tempo de oração pessoal.)

- Qual o maior desafio que você enfrenta em sua missão de catequista?
- Qual sua maior alegria nessa missão?
- O que você acha que Deus deve remodelar em seu íntimo para que sua missão de cristão e de catequista torne-se mais eficaz?
- Componha um salmo que traduza a realidade que você vive nesse momento de sua história e mostre os seus desejos mais profundos.

"Deus ama a quem dá com alegria" (2Cor 9,7).

Momento de partilha a partir das questões 1, 2 e 3

- Encerrar a partilha com a leitura do salmo que cada um compôs durante a oração pessoal.

Avaliação do retiro

Oração final

Momento de agradecimento pelo dia.

※※※

1. Se o retiro continuar à tarde, pode-se reiniciá-lo com a projeção de um filme. Sugestões:
  a) "Damião: o santo de Molokai", Paulinas Multimídia.
  b) Qualquer filme que fale sobre a vida de um santo (de alguém que se deixou modelar por Deus).

2. Comentário do filme.

3. Lanche.

4. Momento de músicas.

5. Celebração de conclusão (Eucarística ou da Palavra).

5 CELEBRAÇÃO DA PALAVRA NO ENCERRAMENTO DO RETIRO DOS CATEQUISTAS

Introdução

(Sintetizar brevemente os vários momentos do dia.)

Símbolo

(Cada pessoa, ou grupo, apresenta um símbolo que expresse a experiência vivida no retiro. É importante que isso seja comunicado na hora do almoço, para que as pessoas tenham tempo de providenciá-lo.)

Canto

Canto a escolha.

Leituras bíblicas

(Podem ser as do dia, ou outras.)

- Salmo 103;
- 1 João 3,16-24;
- Jeremias 1,4-10;
- 1 Coríntios 13,1-13;
- Mateus 28,16-20.

Um momento de silêncio para interiorizar a Palavra.

A partir dos textos bíblicos, fazer preces espontâneas.

Oração do Pai-Nosso.

Motivar para o abraço da Paz (opcional).

Bênção final (Eclo 50,22-24).

Canto final (à escolha).

Sugestões de livros de fábulas e parábolas

COLEÇÃO SABOR DE VIDA

SEIB, Carmem. *Histórias da sabedoria do povo*; um novo modo refletir sobre os valores. 3. ed. São Paulo: Paulinas, 2009.

VIAN, D. Itamar; COLOMBO, Fr. Aldo. *Histórias de vida*; parábolas para refletir. 2. ed. São Paulo: Paulinas, 2005.

_____. *Abrindo caminhos*; parábolas e reflexões. São Paulo: Paulinas, 2003.

_____. *O jeito certo*; parábolas modernas. São Paulo: Paulinas, 2010.

COLEÇÃO RECURSOS PEDAGÓGICOS

ÁVILA, Sandra. *Encenações bíblicas*. São Paulo: Paulinas, 2009.

BELLINI, Rogério. *Brincando na catequese*. São Paulo: Paulinas, 2009/2010. v. I e II.

GOMES, Fernanda Rodrigues. *Novas dinâmicas para catequese de adolescentes, jovens e adultos*. São Paulo: Paulinas, 2009.

GUEDES, Mons. João Alves. *Celebrando e aprendendo na catequese*. São Paulo: Paulinas, 2009.

OLIVEIRA, Ivani de; MEIRELES, Mário. *Histórias para encantar*; para dinamizar encontros de jovens. 6. ed. São Paulo: Paulinas, 2007.

Referências bibliográficas

ALTOÉ, Adailton; DEBONA, Aparecida. *Fábulas e parábolas*; aprendendo com a vida. São Paulo: Paulus, 1998. parte 1.

ANTONIAZZI, Alberto. *ABC da Bíblia*. São Paulo: Paulus, 1982.

BOLLIN, Antonio; GASPARINI, Francesco. *A catequese na vida da Igreja*; notas de História. São Paulo: Paulinas, 1998.

BUCIO, Salvador A. *Técnicas e recursos de catequese*. São Paulo: Paulinas, 1996.

CATECISMO da Igreja Católica. São Paulo: Vozes/Loyola, 1992.

CNBB. *Catequese renovada*. São Paulo: Paulinas, 1983.

_____. *Diretório Nacional de Catequese*. São Paulo: Paulinas, 2006.

CONGREGAÇÃO para o Clero. *Diretório Geral da Catequese*. São Paulo: Paulinas, 2009.

JOÃO PAULO II, Papa. *Exortação apostólica "Catechesi Tradendae"*; catequese hoje. São Paulo: Paulinas, 1982.

PULGA, Rosana. *Beabá da Bíblia*, São Paulo, Paulinas, 1995.

TERRERO, José Martinez. *Comunicação grupal libertadora*. São Paulo: Paulinas, 1988.

VVAA. *Dicionário de Catequética*. São Paulo: Paulus, 2004.

Dinâmica 8

Caça-palavras

Oração – Misericórdia – Perdão – Amor – Serviço
Compaixão – Fé – Solidário

O	R	O	R	A	Ç	Ã	O	M	S	T	V	B	O	P	Z	Y	L
Ã	S	M	N	M	L	O	K	B	R	I	P	C	M	N	T	I	Q
D	R	K	P	O	G	H	I	C	P	C	V	U	N	U	A	M	A
R	S	A	S	R	E	V	I	O	Ç	B	C	D	M	W	P	X	L
E	O	L	O	S	M	O	G	M	K	B	C	F	I	J	H	U	I
P	L	B	L	H	T	F	É	P	I	P	O	J	S	I	S	Y	T
L	O	P	I	A	S	F	T	A	B	Q	W	X	E	L	M	O	P
U	Y	T	D	Y	V	C	X	I	V	C	Ç	I	R	R	D	I	L
E	R	T	Á	T	Y	B	F	X	D	V	N	I	I	C	Z	L	I
O	N	B	R	I	F	C	Z	Ã	Z	P	M	G	C	A	T	O	X
N	Y	U	I	O	T	C	D	O	N	H	J	L	Ó	K	I	W	Q
Y	K	P	O	I	L	B	D	T	P	N	B	Y	R	W	Q	Z	L
H	K	I	H	T	F	G	Y	U	J	G	K	E	D	C	I	T	F
B	C	X	Z	T	Y	J	M	N	S	E	R	V	I	Ç	O	B	L
M	B	R	Y	C	V	Z	J	Q	W	Y	G	T	A	P	M	I	Y

Dinâmica 10

Caça-palavras

Simples – Humilde – Acolhedora – Fiel – Medianeira – Disponível – Serva
Mãe de Jesus – Companheira – Esposa – Rainha – Amorosa

G	N	D	E	R	M	E	D	I	A	N	E	I	R	A	S	R	R	M	J
M	A	C	O	L	H	E	D	O	R	A	P	L	S	D	F	K	L	R	I
W	B	T	R	K	R	A	I	N	H	A	L	J	N	G	T	R	I	O	P
I	U	Y	D	A	Z	P	L	M	N	U	G	B	V	F	C	F	I	E	L
A	M	O	R	O	S	A	N	B	M	K	O	P	R	D	V	G	H	U	C
I	N	M	B	G	T	F	R	C	C	O	M	P	A	N	H	E	I	R	A
F	B	N	H	Y	F	C	E	S	P	O	S	A	P	L	M	N	U	I	M
I	O	N	C	V	M	S	E	R	V	A	O	P	T	B	N	M	M	V	I
O	T	G	C	B	U	Y	O	D	I	S	P	O	N	I	V	E	L	T	C
M	S	I	M	P	L	E	S	M	B	C	F	F	F	G	U	T	K	M	N
W	N	B	C	X	Z	M	Ã	E	D	E	J	E	S	U	S	N	B	V	O
O	C	V	H	U	M	I	L	D	E	J	N	B	V	Y	M	K	L	H	U

Dinâmica 11

Caça-palavras

Simples – Humilde – Acolhedora – Fiel – Disponível – Companheira
Amorosa – Trabalhadora – Alegre – Dedicada

G	N	D	E	R	T	R	A	B	A	L	H	A	D	O	R	A	R	M	E
M	A	C	O	L	H	E	D	O	R	A	P	L	S	D	F	K	L	R	U
W	B	T	R	K	R	A	I	P	H	A	L	J	N	G	T	R	I	O	P
I	U	Y	D	A	Z	P	L	M	N	U	G	B	V	F	C	F	I	E	L
A	M	O	R	O	S	A	N	B	M	K	O	P	R	D	V	G	H	U	C
I	N	M	B	G	T	F	R	C	C	O	M	P	A	N	H	E	I	R	A
F	B	N	H	Y	D	E	D	I	C	A	D	A	P	L	M	N	U	I	M
I	O	N	C	V	M	S	E	B	V	A	O	P	T	B	N	M	M	V	I
O	T	G	C	B	U	Y	O	D	I	S	P	O	N	I	V	E	L	T	C
M	S	I	M	P	L	E	S	M	B	C	F	F	F	G	U	T	K	M	N
W	N	B	C	X	Z	A	A	L	E	G	R	E	O	U	S	N	B	V	O
O	C	V	H	U	M	I	L	D	E	J	N	B	V	Y	M	K	L	H	U

Dinâmica 14

Dinâmica 15

Palavras cruzadas

Amor – Verdade – União – Sal da Terra
Misericórdia – Coragem – Servir – Alegria
Justiça – Íntegro – Rezar.

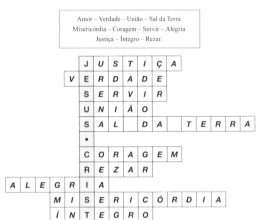

P. 94

P. 95

Sumário

APRESENTAÇÃO..5
INTRODUÇÃO 7
DINÂMICAS NA CATEQUESE 17
DINÂMICAS BÍBLICAS 21
DINÂMICAS DE ENTROSAMENTO, SACRAMENTOS,
IGREJA, COMUNIDADE 55
DINÂMICAS COM O USO DE FÁBULAS, PARÁBOLAS
E DE LIVROS PARADIDÁTICOS NA CATEQUESE..................................85
MÚSICAS 97
ANEXOS 105
SUGESTÕES DE LIVROS DE FÁBULAS E PARÁBOLAS........................121
REFERÊNCIAS BIBLIOGRÁFICAS 123
RESPOSTAS 125

Rua Dona Inácia Uchoa, 62
04110-020 – São Paulo – SP (Brasil)
Tel.: (11) 2125-3500
paulinas.com.br – editora@paulinas.com.br
Telemarketing e SAC: 0800-7010081